工伤保险案例普法宣传读本

主编◎何登香

中国劳动社会保障出版社

图书在版编目（CIP）数据

工伤保险案例普法宣传读本 / 何登香主编 . -- 北京：中国劳动社会保障出版社，2019

ISBN 978-7-5167-4186-3

Ⅰ.①工⋯ Ⅱ.①何⋯ Ⅲ.①工伤保险 – 条例 – 案例 – 中国 Ⅳ.① D922.555

中国版本图书馆 CIP 数据核字 (2019) 第 219680 号

中国劳动社会保障出版社出版发行

（北京市惠新东街 1 号　邮政编码：100029）

*

北京市艺辉印刷有限公司印刷装订　新华书店经销
880 毫米 ×1230 毫米　32 开本　5.875 印张　149 千字
2019 年 10 月第 1 版　2023 年 12 月第 5 次印刷
定价：28.00 元

营销中心电话：400-606-6496
出版社网址：http://www.class.com.cn

版权专有　　侵权必究

如有印装差错，请与本社联系调换：(010) 81211666
我社将与版权执法机关配合，大力打击盗印、销售和使用盗版图书活动，敬请广大读者协助举报，经查实将给予举报者奖励。
举报电话：(010) 64954652

前 言
PREFACE

《中华人民共和国社会保险法》第二条规定，国家建立基本养老保险、基本医疗保险、工伤保险、失业保险、生育保险等社会保险制度，保障公民在年老、疾病、工伤、失业、生育等情况下依法从国家和社会获得物质帮助的权利。

工伤保险是社会保险的重要组成部分，它是通过社会统筹，建立工伤保险基金，对职工因工作原因直接或间接遭受的事故伤害给予医疗保障、经济补偿和物质帮助的一种社会保障制度。工伤保险的保障对象是职业人群。工伤保险具有强制性、社会性、互济性和非营利性的特点。建立健全工伤保险制度，是健全社会保障体系的重要内容，是维护职工合法权益的重要手段，是分散用人单位用工风险、减轻用人单位经济和社会负担的重要措施。

为了便于用人单位、工伤职工及其亲属增强对工伤保险政策的了解，通过生动具体的案例掌握枯燥、笼统的法律法规条文，更好地拿起法律武器维护自身的合法权益，我们编写了《工伤保险案例普法宣传读本》一书。本书分为工伤认定和工伤待遇两篇，共收录了100个典型案例。这些案例大多来源于人力资源社会保障系统、人民法院等行政、司法渠道，以及在"中国裁判文书网"和"中国工伤保险""中国劳动人事争议调解仲裁""工伤法律人""劳动法研究"等专业微信公众号公开的案例文书及分析研讨，具有一定的针对性、实用性和借鉴性，可以给读者以指导和启迪。当然，由于现实中的案例千差万别，不可能一一穷尽，因此本书收录的案例仅供参考，遇到实际情况还要结合具体事实和法律规定具体分析，不能一概而论、生搬硬套。

由于编辑需要和篇幅有限,个别案例在收录过程中进行了适当增补或删减;对一些周期较长的案件,简略了程序性细节,侧重于基本案情、法律依据和适用分析等重点内容,在此特别说明。

最后,把我喜欢的一句公益广告语送给大家:

别让工伤事故成为亲人的眼泪!

让工伤事故离我们生活远一点,再远一点……

唯愿天下无"伤"。

编者 何登香

2019 年 7 月 山东东营

目录
CONTENTS

上篇 工伤认定

第一章 认定工伤情形典型案例

第1节 工作时间、工作场所、工作原因典型案例 /4

1. 修理油罐车过程中从车顶摔落受伤，能认定为工伤吗？ /6
2. 工作时被马蜂蜇死，能认定为工伤吗？ /7
3. 工作中受惊吓从竹梯上摔落，能认定为工伤吗？ /8
4. 在单位工作时急性中毒，能认定为工伤吗？ /9
5. 周末轮流加班受伤，能认定为工伤吗？ /10
6. 从办公室去停车场途中摔伤，能认定为工伤吗？ /11
7. 上班期间去厕所时被撞伤，能认定为工伤吗？ /12
8. 好奇旁观受到伤害，能认定为工伤吗？ /13
9. 上班期间干私活受伤，能认定为工伤吗？ /14
10. 在办公室受伤，一定是工伤吗？ /15
11. 从单位宿舍下楼上班途中摔伤，能认定为工伤吗？ /16
12. 工间休息时去其他部门借工具受伤，能认定为工伤吗？ /17

13. 从工作场所高空意外坠落死亡，能认定为工伤吗？ /18

14. 去公司水房打水时不慎烫伤，能认定为工伤吗？ /19

15. 代表单位参加比赛活动受伤，能认定为工伤吗？ /21

16. 司机驾驶车辆因交通事故受伤，但肇事获刑，还能认定为工伤吗？ /22

第 2 节　预备性或收尾性工作典型案例 /24

17. 去更衣室换工作服时摔伤，能认定为工伤吗？ /25

18. 上班打考勤卡前摔伤，能认定为工伤吗？ /25

19. 工作结束后清理操作台受伤，能认定为工伤吗？ /26

20. 车间操作工下班后在单位浴室洗澡摔伤，能认定为工伤吗？ /27

21. 同时在单位洗澡被烫伤，为何不能都认定为工伤？ /28

第 3 节　暴力等意外伤害典型案例 /30

22. 保安拒绝业主不合理要求被打伤，能认定为工伤吗？ /31

23. 电工拒绝不合理要求被打伤，能认定为工伤吗？ /32

24. 酒店服务员制止客人打架受伤，能认定为工伤吗？ /33

25. 因工作原因与同事互殴受伤，不属于工伤 /34

26. 在工作时间因私人原因受到暴力伤害，不属于工伤 /35

第 4 节　职业病典型案例 /37

27. 未组织职工进行上岗前职业健康检查，应承担工伤保险责任 /39

28. 解除劳动合同后发现罹患职业病，还能认定为工伤吗？ /41

29. 退休人员被诊断为职业病，还能认定为工伤吗？ /43

第 5 节　因工外出典型案例 /45

30. 上门维修被业主家狗咬伤，能认定为工伤吗？ /47

31. 拜访客户返回公司途中摔伤，能认定为工伤吗？ /48

32. 在单位组织的拓展训练中受伤，能认定为工伤吗？ /49

33. 未经领导指派自行因工外出，返程遭遇交通事故受伤，能认定为工伤吗？ /50

34. 赴病故职工追悼会的途中遇车祸死亡，能认定为工伤吗？ /51

35. 职工外出开会休息期间洗澡受到意外伤害，能认定为工伤吗？ /52

36. 长期驻外职工发生交通事故，能认定为工伤吗？ /53

37. 送水工送水途中发生负主要责任的交通事故，能认定为工伤吗？ /54

38. 出差期间私自驾车游玩发生交通事故受伤，不属于工伤 /56

第 6 节　上下班途中典型案例 /58

39. 下班后又返回公司加班途中被撞身亡，能认定为工伤吗？ /60

40. 下班后返回父母居住地途中发生交通事故，能认定为工伤吗？ /61

41. 职工下班后去女朋友的出租房途中发生交通事故，能认定为工伤吗？ /62

42. 下班顺路接孩子回家，发生交通事故，能认定为工伤吗？ /63

43. 下班后去医院护理病危岳母途中发生交通事故受伤，能认定为工伤吗？ /64

44. 上班途中骑电动车自行摔伤，能认定为工伤吗？ /66

45. 上班途中地铁站内被踩踏受伤，能认定为工伤吗？ /67

46. 乘车上班途中突发疾病死亡，能认定为工伤吗？ /68

第二章　视同工伤情形典型案例

第 1 节　突发疾病死亡典型案例 /72

47. 上班前换工作服时突发疾病死亡，能视同为工伤吗？ /73

48. 抄表工途经超市买水时突发疾病死亡，能视同为工伤吗？ /74

49. 在单位组织体检时猝死，能视同为工伤吗？ /75

50. 患肺癌职工上班期间突发疾病死亡，能视同为工伤吗？ /76

51. 出差期间猝死酒店，能视同为工伤吗？ /77

52. 在单位宿舍住宿时突发疾病死亡，不能视同为工伤 /78

53. 正常下班后在家中猝死，不能视同为工伤 /79

第 2 节　抢险救灾等维护国家利益、公共利益典型案例 /81

54. 职工扑救邻厂失火受伤，能视同为工伤吗？ /82

55. 休假期间因抢险救灾受伤，能视同为工伤吗？ /83

56. 保安因见义勇为受伤，能视同为工伤吗？ /84

第 3 节　退伍军人旧伤复发典型案例 /86

57. 退伍军人在单位旧伤复发，能视同为工伤吗？ /87

第三章　不得认定或者视同为工伤情形典型案例

58. 醉酒工作时受伤，不能认定为工伤 /92

59. 工人违章操作受伤，能认定为工伤吗？ /93

第四章　工伤认定程序问题典型案例

60. 公司未在规定时间内申请工伤认定，是否应担责？ /102

61. 职工发生事故超过了 1 年申请工伤认定，能否被受理？ /103

62. 用人单位与职工协商耽误的时间不计算在工伤认定申请期限内 /104

63. 用人单位一直支付工伤职工待遇被耽误的时间不计算在工伤认定申请期限内 /106

64. 确认劳动关系被耽误的时间不计算在工伤认定申请期限内 /107

65. 单位未履行告知义务被耽误的时间不计算在工伤认定申请期限内 /108

66. 上班第二天就受伤，能不能申请工伤认定？ /109

67. 职工递交辞呈，在提前通知期内发生工伤，应如何处理？ /110

68. 未参加工伤保险的农民工受到事故伤害，应在生产经营地进行工伤认定 /112

69. 工伤认定中用人单位注销怎么办？ /113

下篇 工伤保险待遇与工伤保险责任

第五章　工伤保险待遇典型案例

70. 用人单位未参加工伤保险，应按规定支付工伤保险待遇 /128

71. 职工拒绝单位缴纳工伤保险费，工亡待遇由谁承担？ /129

72. 工伤保险费可补缴，但工伤保险基金支付不可补支 /131

73. 职工发生工伤，由其亲属代签的赔偿协议有效吗？ /132

74. 职工工亡后，其继子女能否享受抚恤金待遇？ /134

75. 停工留薪期满后拒做劳动能力鉴定，单位能否终止劳动关系？ /135

76. 工伤不停工，在岗工资与停工留薪期工资是否可同时享受？ /136

77. 工伤职工因严重违纪被解除劳动合同，是否影响享受工伤待遇？ /138

78. 工伤职工因单位终止劳动合同，能否同时获得工伤待遇和经济补偿？ /139

79. 职工工伤期间，被用人单位任意解除劳动合同，能否同时获得工伤待遇和赔偿金？ /141

80. 职工自己砍掉手指头骗领工伤待遇，被依法追究刑事责任 /142

81. 职工自己摔倒谎报工伤，骗领工伤待遇构成诈骗罪 /143

第六章　工伤保险责任典型案例

82. 职工与两个单位建立劳动关系，发生工伤事故谁来担责？ /152

83. 劳务派遣职工发生工伤，谁来担责？ /153

84. 用工单位未依法为劳动者代缴社会保险费，派遣单位和用工单位承担连带赔偿责任 /155

85. 公司合并，工伤待遇会"泡汤"吗？ /156

86. 用人单位转让后，工伤保险责任该由谁来承担？ /157

87. 用人单位实行承包经营的，职工劳动关系所在单位承担工伤保险责任 /158

88. 职工被借调期间发生工伤事故，应由谁来承担工伤保险责任？ /159

89. 职工被指派期间发生工伤事故，应由谁来承担工伤保险责任？ /160

90. 企业破产，工伤职工还能否享受工伤待遇？ /160

91. 公司注销，工伤待遇由谁来承担？ /162

92. 职工认定工伤后，用人单位注销，公司出资人应支付工伤待遇吗？ /163

93. 职工在境外工作时受伤，可否认定工伤，享受工伤保险待遇？ /164

94. 职工"放长假"期间到其他单位工作时受伤，是否算工伤？ /165

95. 内退人员在新用人单位发生工伤，由谁来承担工伤保险责任？ /167

96. 建筑工程违法分包，工人受伤由谁来承担工伤保险责任？ /168

97. "包工头"下班途中受到非本人主要责任交通事故伤害，不属于工伤 /169

98. 个人挂靠外单位经营，聘用的职工受伤，应由谁来承担工伤保险责任？ /170

99. 非法用工中受伤，应如何赔偿？ /172

100. 非全日制工可以享受工伤保险待遇吗？ /174

上篇
工伤认定

第一章

认定工伤情形典型案例

《工伤保险条例》

第十四条 职工有下列情形之一的,应当认定为工伤:

(一)在工作时间和工作场所内,因工作原因受到事故伤害的;

(二)工作时间前后在工作场所内,从事与工作有关的预备性或者收尾性工作受到事故伤害的;

(三)在工作时间和工作场所内,因履行工作职责受到暴力等意外伤害的;

(四)患职业病的;

(五)因工外出期间,由于工作原因受到伤害或者发生事故下落不明的;

(六)在上下班途中,受到非本人主要责任的交通事故或者城市轨道交通、客运轮渡、火车事故伤害的;

(七)法律、行政法规规定应当认定为工伤的其他情形。

工作时间、工作场所、工作原因典型案例

要点释义

《工伤保险条例》第十四条第(一)项规定,职工在工作时间和工作场所内,因工作原因受到事故伤害的,应当认定为工伤。这是认定工伤最多的一种情形。

其中:

◆ "工作时间",是指职工劳动合同约定的工作时间或者用人单位规定的工作时间以及加班加点的工作时间。

◆ "工作场所",是指职工日常工作所在的场所,以及领导临时指派其所从事工作的场所;在有多个工作场所的情形下,还包括职工来往于多个工作场所之间的合理区域。

◆ "工作原因",是指职工因从事本职工作而受伤。工作原因包括直接工作原因和间接工作原因。直接工作原因包括职工在工作时间和工作场所内,因从事单位生产经营活动直接遭受事故伤害。间接工作原因包括职工在工作过程中为临时解决或满足合理的基本生理需要而必须从事的事项时(如工休、喝水、用餐、上厕所等),由于不安全因素遭受事故伤害。

◆ "事故伤害",是指职工在工作过程中发生的人身伤害或者急性中毒等伤害。

在适用《工伤保险条例》第十四条第(一)项规定的时候,通常遵循以下原则:

(1)在工作时间、工作场所和工作原因三个要素都具备的情况下,只要职工不存在《中华人民共和国社会保险法》第三十七条和《工伤保险条例》第十六条规定的不得认定为工伤的情形，都应认定为工伤。

（2）即使是在工作时间和工作场所内，只要不是因工作原因受到的伤害，就不能认定为工伤。

（3）在工作时间和工作场所两个要素不明确、不齐全的情况下，应当把"工作原因"作为认定工伤的核心要素，如果能够证明是因工作原因受到的伤害，就可以认定为工伤。

（4）特殊情况下，职工在工作时间、工作场所内受到伤害，如果是否因工作原因不清楚，在能排除"非工作原因"的情况下，应当适用"工作原因推定原则"，推定职工所受伤害是因工作原因造成的，可以认定为工伤。

（5）在某些情况下，职工虽不在本岗位劳动，但由于单位的设施或设备不完善、劳动条件或劳动环境不良、管理不善等原因造成职工受到伤害的，应当认定为工伤。例如，由于单位锅炉房的开水管安装不牢固，导致职工在打水的过程中被开水烫伤，这种伤害应认定为工伤。

延伸阅读

● 《最高人民法院关于审理工伤保险行政案件若干问题的规定》（法释〔2014〕9号）

第四条　社会保险行政部门认定下列情形为工伤的，人民法院应予支持：

（一）职工在工作时间和工作场所内受到伤害，用人单位或者社会保险行政部门没有证据证明是非工作原因导致的；

（二）职工参加用人单位组织或者受用人单位指派参加其他单位组织的活动受到伤害的；

（三）在工作时间内，职工来往于多个与其工作职责相关的工作场所之间的合理区域因工受到伤害的；

（四）其他与履行工作职责相关，在工作时间及合理区域内受到伤害的。

●《人力资源社会保障部关于执行〈工伤保险条例〉若干问题的意见（二）》（人社部发〔2016〕29号）

四、职工在参加用人单位组织或者受用人单位指派参加其他单位组织的活动中受到事故伤害的，应当视为工作原因，但参加与工作无关的活动除外。

典型案例

1. 修理油罐车过程中从车顶摔落受伤，能认定为工伤吗？

关键词　工作时间、工作场所、工作原因

案情　庄某于2014年11月经他人介绍到某公司上班，负责修理大车底盘，工资由公司财务部门按月发放。2015年4月2日16时35分左右，庄某在公司修理油罐车过程中因操作不慎致油罐车发生爆炸。庄某从油罐车车顶摔落受伤，经医院诊断为：多发性大脑挫裂伤、创伤性小脑挫伤、蛛网膜下腔出血、硬膜外血肿（右侧颞枕部、急性）、颅底骨折并颅内积气、蝶窦炎并积血、右侧第七肋骨骨折、右下肺气胸、左肘部二度烧伤、全身多处软组织挫伤、趾骨骨折、创伤性湿肺并肺部感染、面瘫。2015年12月22日，庄某提出工伤认定申请。当地社会保险行政部门经调查认定庄某为工伤。公司不服，向法院提起诉讼。

裁判　法院认为，依据《工伤保险条例》第十四条第（一）项规定，职工在工作时间和工作场所内，因工作原因受到事故伤害的，应当认定为工伤。本案中，庄某在公司修车场内因维修油罐车发生事故而受到伤害，符合上述法规规定的应当认定为工伤的情形。社会保险行政部门作出的工伤认定决定，程序合法，认定事实清楚，适用法律准确。

同时，依据《工伤保险条例》第十六条的规定，职工符合该条例第十四条、第十五条的规定，但是有下列情形之一的，不得认定为工伤或者视同工伤：故意犯罪的；醉酒或者吸毒的；自残或者自杀的。本案无证据证明庄某存在上述不予认定或者视同工伤的情形。公司提出的庄某因自身行为所造成的伤害不应认定为工伤的理由不能成立。

法院经审理维持了工伤认定决定。

2. 工作时被马蜂蜇死，能认定为工伤吗？

关键词　　工作时间、工作场所、工作原因

案情

邱某是某五星级休闲度假酒店的绿化工。一日，邱某在酒店的一处山坡上修剪花木时，不慎碰到了一棵有马蜂窝的荔枝树，随后受惊的蜂群开始围着邱某疯狂叮蜇。12个小时后，邱某经抢救无效死亡。事后，邱某的亲属向当地社会保险行政部门申请工伤认定，邱某被认定为工伤。酒店不服，向法院提起诉讼。

裁判

酒店认为，邱某负责酒店的绿化工作，他被马蜂蜇死是因为自己不小心碰到了马蜂窝，是由其个人原因所致，与本职工作无关，不应认定为工伤。

社会保险行政部门认为，依据《工伤保险条例》第十四条第（一）项规定，职工在工作时间和工作场所内，因工作原因受到事故伤害的，应当认定为工伤。本案中，修剪酒店的花草树木是邱某日常工作的一部分，其被马蜂蜇死是因为在工作时不慎碰到马蜂窝，邱某的死亡与履行工作职责存在直接的因果关系。而且，邱某的事故是在工作时间和工作场所内作业时发生的。因此，邱某应被认定为工伤。

法院经审理维持了工伤认定决定。

3. 工作中受惊吓从竹梯上摔落，能认定为工伤吗？

关键词 单位设施不安全

案情

王某是某通信公司安装工，负责宽带安装工作。一日，王某与同事唐某在一居民家中安装宽带，该居民家饲养的一条狗看到家中有陌生人进入，边吠边迅猛地朝二人扑过去。当时，王某正站在斜靠墙壁的竹梯上调试信号，唐某为其扶梯。唐某见状迅速躲闪到一旁，王某则由于受到突然惊吓，在竹梯上站立不稳致使竹梯滑动，最终摔落到地上，并被随之歪倒的竹梯砸伤右腿，造成右胫腓骨远端粉碎性骨折。事后，王某被当地社会保险行政部门认定为工伤。公司不服，向法院提起诉讼。

裁判

公司认为，王某是因为自己不小心而受伤，不能认定为工伤。社会保险行政部门认为，依据《工伤保险条例》第十四条第（一）项规定，职工在工作时间和工作场所内，因工作原因受到事故伤害的，应当认定为工伤。本案中，虽然王某受伤的起因是受到了狗的惊吓，但其从竹梯上摔落的根本原因是因为竹梯这种登高工具在墙壁上竖立不牢靠、无安全防护设施及同事提供协助防护不持续、不到位，从而发生意外所致。王某受伤时正在调试信号，即正在履行工作职责，其受到的伤害属于因单位设施不安全而造成的意外伤害。因此，王某所受伤害应当认定为工伤。

法院经审理维持了工伤认定决定。

4. 在单位工作时急性中毒，能认定为工伤吗？

关键词　急性中毒

案情

王某系某电器公司职工。2017年7月6日，王某在单位清理下水道过程中晕倒，被诊断为硫化氢中毒。2017年8月21日，公司为王某向当地社会保险行政部门提交工伤认定申请。社会保险行政部门受理后，根据考勤记录、同事证明、初诊病历及出院小结等证据，认定王某为工伤。

裁判 依据《工伤保险条例》第十四条第（一）项规定，职工在工作时间和工作场所内，因工作原因受到事故伤害的，应当认定为工伤。这里的"事故伤害"，是指职工在工作过程中发生的人身伤害或者急性中毒等类似伤害。本案中，王某在单位工作时急性中毒，系在工作时间、工作场所内，因工作原因造成的事故伤害，应适用《工伤保险条例》第十四条第（一）项规定，认定为工伤。

5. 周末轮流加班受伤，能认定为工伤吗？

关键词 加班时间

案情 崔某在某电子公司工作多年，由于业务需要，公司一直实行轮班换休，职工轮流在周末加班，平均下来每位职工每周都能休息一到两天。尽管公司始终没有为在周末上班的职工按加班计酬，但因为长期成了习惯，包括崔某在内的职工都没有太大意见。某次调休时，崔某赶上了周末上班，工作时不慎被机器轧伤了右手。公司拒绝为他申请工伤认定。崔某遂自行向当地社会保险行政部门申请并被认定为工伤。

裁判 公司认为，公司没有安排崔某在周末上班，也没有明确的制度规定职工周末加班，因此崔某周末上班不属于公司安排，也就不属于在上班时间受伤，不应认定为工伤。

社会保险行政部门认为，依据《工伤保险条例》第十四条第（一）项规定，职工在工作时间和工作场所内，因工作原因受到事故伤害的，应当认定为工伤。本案中，虽然公司没有对职工上班轮休作出明确的制度性规定，但并不能因此认定崔某周末加班属于不求回报的义务劳动。周末轮流加班是公司的业务需要，公司对此也一直是默认的，这一点其他职工可以证明。崔某受伤，是在与同事们的协作劳动中，在工作场所发生的。所以，崔某属于在工作时间和工作场所内，因工作原因受伤，依法应当认定为工伤。公司最终服从了社会保险行政部门作出的工伤认定决定。

6. 从办公室去停车场途中摔伤，能认定为工伤吗？

关键词 来往于多个工作场所之间的必经区域

案情

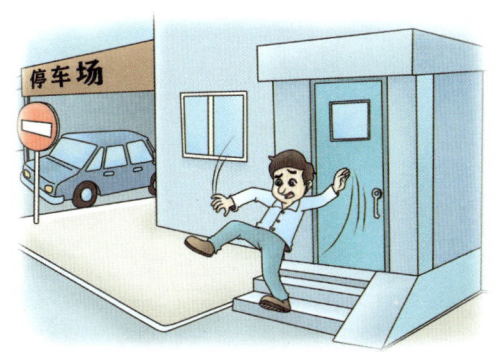

孙某在一家人力资源公司工作，该公司位于某产业园区商业中心的八楼。一日上午，公司负责人指派孙某开车去机场接人。于是孙某下楼去院内的停车场开车，当行至一楼门口台阶处时，不慎滑倒，导致颈部拉伤、上唇挫裂。事后，当地社会保险行政部门认定孙某为工伤。公司不服，向法院提起诉讼。

裁判

公司认为，孙某的摔伤是因为自己不小心，与工作无关，而且摔伤地点也不属于其工作场所，因此不应被认定为工伤。

社会保险行政部门认为，依据《工伤保险条例》第十四条第（一）项规定，职工在工作时间和工作场所内，因工作原因受到事故伤害的，应当认定为工伤。这里的"工作场所"也应包括职工来往于多个工作场所之间的必经区域。本案中，位于商业中心八楼的公司办公室是孙某的工作场所，孙某为完成机场接人的工作任务需驾驶的汽车是他的另一处工作场所。从商业中心八楼到停车场是孙某来往于两个工作场所之间的必经区域，也应被认定为工作场所。此外，孙某从办公室去停车场开车是为了完成领导指派的工作任务，途中不慎摔伤应属于因"工作原因"所致。因此，孙某应依法被认定为工伤。

法院经审理维持了工伤认定决定。

7. 上班期间去厕所时被撞伤，能认定为工伤吗？

关键词　合理的、必需的生理需求

案情

兰某上班期间，从其工作的木板厂车间出来，准备去厕所时，被厂区院落内正在倒车的货车撞伤。当地社会保险行政部门认定兰某为工伤。木板厂不服，向法院提起诉讼。

裁判　　木板厂认为，兰某在上班期间离开工作岗位和工作场所，其所受伤害是第三人倒车不慎造成的，自称的"上厕所"也不属于工作原因，因此兰某所受伤害不符合工伤构成要件。

本案的争议焦点，一是兰某去厕所途经范围是否应视为工作场所，二是他所遭受的伤害能否归咎于工作原因或履行工作职责。

　　法院经审理认为，依据《工伤保险条例》第十四条第（一）项规定，职工在工作时间和工作场所内，因工作原因受到事故伤害的，应当认定为工伤。《工伤保险条例》中规定的"工作场所"应指用人单位的所有办公区域，并不限于职工从事本职工作的车间或厂房。工作场所的范围，既包括用人单位从事日常生产经营活动进行有效管理的区域，也包括职工为完成某项特定工作所涉及的单位以外的相关区域，还包括职工因工作来往于多个与其工作职责相关的工作场所之间的合理区域。本案中，兰某去厕所的行为是一个人合理的、必需的生理需求，与劳动者的正常工作密不可分，因此其途经范围应视为工作场所。

　　因工作原因或履行工作职责受伤，不仅包括职工因从事生产经营活动而遭受的伤害，还应包括职工在工作过程中临时解决合理的、必需的生理需求时遭受的意外伤害。本案中，兰某所工作的车间内未提供厕所，包括兰某在内的所有职工只能去厂区院落里的公厕。因此，从保护劳动者合法权益的角度出发，法院认定兰某所遭受的伤害确属工伤范围。

8. 好奇旁观受到伤害，能认定为工伤吗？

> **关键词**　非工作原因

案情　　某企业车间在卸料时，临近车间的工人因好奇前来旁观，卸料工人要求"旁观工人"离远点，但"旁观工人"没有听，继续在卸料现场观看，被倒下的材料砸伤。"旁观工人"认为自己是在工作时间和工作场所内受伤，应该认定为工伤。当地社会保险行政部门接到工伤认定申请后，经调查作出了不予认定为工伤的决定。

裁判　社会保险行政部门认为，依据《工伤保险条例》第十四条第（一）项规定，职工在工作时间和工作场所内，因工作原因受到事故伤害的，应当认定为工伤。本案中，"旁观工人"确实符合工作时间和工作场所两个条件，但其受伤并不是因为工作原因或者履行工作职责造成的。"旁观工人"受伤是因好奇而观看卸料，且在卸料工人提出明确要求后仍未远离，因此"观看卸料"既不是他的工作，也不是完成工作所必要的，而且与用人单位的要求背道而驰，故该行为与工作无关。"旁观工人"受伤不是因为工作原因所致，不应当被认定为工伤。

9. 上班期间干私活受伤，能认定为工伤吗？

关键词　非工作原因

案情　某机械厂的车工王某在上班期间干完了车间主任分派的加工任务后，打算把剩余的圆钢加工成哑铃拿回家用于锻炼身体。当他把做好的哑铃从车床上往下拿的时候，一不小心砸在自己的脚上，造成三根脚趾粉碎性骨折，住院花了 5 000 多元，在家休息了近 3 个月。事故发生后，王某以自己是在上班时间、工作岗位上发生事故为由，要求申请工伤认定，享受工伤保险待遇。当地社会保险行政部门接到工伤认定申请后，经调查作出了不予认定为工伤的决定。

裁判

社会保险行政部门认为，王某虽然是在工作时间和工作场所内，但他不是因工作原因受到事故伤害。王某在完成了工作任务后，为了自己锻炼身体去做哑铃，属于工作时间干私活，所受伤害不是因工作原因，所以不属于工伤，不能享受工伤保险待遇。

10. 在办公室受伤，一定是工伤吗？

关键词　非工作时间、非工作原因

案情

周某是某公司职工。一个周末下班时，他将自己的手机落在了办公室，直到回到家才发现。为了不影响与外界联系，他又从家里赶到公司去拿手机，不料在走进办公室时，因为心急没有开灯，被办公室里的杂物绊倒，导致腿部骨折。周某认为自己是在办公室内受伤，就应该认定为工伤，遂向当地社会保险行政部门提出工伤认定申请。社会保险行政部门经过调查，作出了不予认定为工伤的决定。

裁判 社会保险行政部门指出，认定工伤有三个要素，即"工作时间""工作场所""因工作原因"。本案中，周某虽是在工作场所受伤，但其受伤时不是工作时间，而且受伤的原因是其下班后回办公室拿手机，是因私事受伤，不是因工作原因，也不是因从事与工作有关的预备性或者收尾性工作而受到事故伤害。因此，周某不满足认定工伤的条件。

11. 从单位宿舍下楼上班途中摔伤，能认定为工伤吗？

关键词 宿舍是用人单位为劳动者提供休息的场所，不属于劳动者工作的合理区域

案情 王某在一家医疗用品公司上班，公司为其在紧邻厂区的周边安排了宿舍。一日上午，王某从宿舍前往厂区生产车间上班时，在宿舍楼梯拐角处不慎摔伤右脚。公司向当地社会保险行政部门申请工伤认定，但社会保险行政部门却作出了不予认定工伤的决定。公司不服，向当地人民政府申请行政复议。

裁判 公司认为，宿舍属于公司统一安排，同时宿舍区域紧靠厂区生产车间，相距较近，王某是在工作时间，从公司安排的宿舍前往厂区车间上班途中摔伤右脚的，属于"在工作时间和工作场所

内，因工作原因受到事故伤害"，应认定为工伤。

社会保险行政部门认为，依据《工伤保险条例》第十四条第（一）项规定，职工在工作时间和工作场所内，因工作原因受到事故伤害的，应当认定为工伤。这里的"工作场所"既包括职工日常工作所在的场所和领导临时指派其所从事工作的场所，也包括职工在工作时间内来往于多个与其工作职责相关的工作场所之间的合理区域。但宿舍是用人单位为劳动者提供休息的场所，不属于劳动者工作的合理区域。因此，王某在宿舍区域受伤不应认定为工伤。

当地人民政府维持了不予认定工伤的决定。

12. 工间休息时去其他部门借工具受伤，能认定为工伤吗？

关键词　工休时间、工作场所、工作原因

案情　王某在一家电脑公司上班。一日上午 10 时许，王某利用公司规定的休息时间到公司另一个部门找老乡李某借工作中需用到的扳手。就在李某为王某拿扳手时意外发生了，李某所在工作部门的一个机台上高速运转的飞轮突然飞出，正好打在王某的左腿上，导致其小腿粉碎性骨折，当即被送往医院治疗。出院后，王某向当地社会保险行政部门提出工伤认定申请并被认定为工伤。公司不服，向法院提起诉讼。

裁判　公司认为，王某利用休息时间私自到另一个部门找老乡借东西时受伤，不属于法律规定的"在工作时间和工作场所内，因工作原因受到事故伤害"，因此不应被认定为工伤。

社会保险行政部门认为，依据《工伤保险条例》第十四条第

（一）项规定，职工在工作时间和工作场所内，因工作原因受到事故伤害的，应当认定为工伤。首先，工间休息是保障职工正常劳动的客观需要，与正常工作密不可分，工间休息时间应属于工作时间；其次，与劳动者工作有关的不特定区域也应被视为工作场所，王某到公司其他部门借工具，没有脱离工作场所；最后，王某是因为工作中急需扳手才到另一部门找老乡借的，目的是为了完成本职工作，其受伤与履行工作职责存在直接的因果关系。因此，王某应被认定为工伤。

法院经审理维持了工伤认定决定。

13. 从工作场所高空意外坠落死亡，能认定为工伤吗?

关键词　工作时间、工作场所、排除非工作原因

案情

黄某是某酒店保安。2015年4月21日中午，黄某在公司食堂吃完饭后，回到公司一楼值班。当天因突然刮大风、下大雨，黄某和另一名保安开始巡检公司建筑设备的情况。由于一楼要有人值班，另一名保安回到值班岗位上后，黄某则开始巡视楼上窗户和其他设施的情况。14时左右，黄某被发现坠楼身亡。事发后，黄某的亲属向当地社会保险行政部门提出工伤认定申请。公司认为，黄某当时并没有受到领导指派去24楼巡视，其死亡不是因

工作原因，属于自杀行为的可能性较大，黄某不应属于工亡。但该公司并不能对黄某的真实死亡原因举证。社会保险行政部门经调查后认为，公司举证不足，未能提供黄某自杀的相关客观证据，因此认定黄某是在工作时间、工作场所和工作原因导致的意外坠落死亡，属于工伤。用人单位不服，向法院提起诉讼。

裁判

　　由于黄某已死亡，难以核实黄某死因是否与工作有关。对于这种情况，一是要通过公安机关的现场勘察来了解是否存在自杀或他杀的情节；二是依据《工伤保险条例》第十九条规定"职工或者其近亲属认为是工伤，用人单位不认为是工伤的，由用人单位承担举证责任"的原则，对用人单位提供的材料进行分析，最终作出结论。

　　本案中，黄某作为公司保安，巡视检查公司安全情况和保护公司设备设施是其工作职责之一。在当时的天气变化情况下，黄某履行巡视职责并不突兀；黄某所在地公安局刑侦大队在《关于黄某死亡事件的调查情况》中载明，黄某系在工作期间意外从酒店24楼窗台坠地死亡，排除他杀，属于意外高空坠落致死。

　　最终，法院以"用人单位未能提供黄某从高空坠落属于自杀和非工作原因的证据"为由，维持了工伤认定决定。

14. 去公司水房打水时不慎烫伤，能认定为工伤吗？

关键词　单位的设施或设备不完善

案情　赵某在一家软件公司工作。一日上班后，赵某拿着热水瓶到公司的水房打水。由于电热水箱出水阀的开关不好使，赵某便放下热水瓶，双手用力转动水阀开关，不料用力过猛，将水阀开关

拔了出来。赵某的面部被喷出的开水烫伤,虽经及时治疗,但其左眼视力依旧严重受损。伤情稳定后,赵某要求公司为其申请工伤认定,遭到公司拒绝。赵某遂自行向当地社会保险行政部门申请工伤认定,社会保险行政部门作出了工伤认定决定。公司不服,向法院提起诉讼。

【裁判】

公司认为,赵某虽然是在工作时间和工作场所内受到伤害,但并非因工作原因所致,很大程度上是因为他自己操作不慎所引起的,应不属于工伤。

社会保险行政部门认为,对"工作原因"应作宽泛理解。首先,赵某去公司水房打水,是为了满足必要的生理需求,与正常工作密不可分,因此在打水过程中受伤也应认为是因工作原因所致。其次,赵某被烫伤虽然是由于自己不慎造成的,但《工伤保险条例》遵循的是无过错责任原则,职工在工伤事故中是否存在主观上的过错,不影响对工伤性质的认定,除非该主观过失属于《工伤保险条例》规定的不应认定为工伤的情形。最后,在某些情况下,职工虽不在本岗位劳动,但由于单位的设施或设备不完善、劳动条件或劳动环境不良、管理不善等原因造成职工伤害的,应当认定为工伤。

法院经审理维持了工伤认定决定。

15. 代表单位参加比赛活动受伤，能认定为工伤吗？

关键词 参加单位组织的体育活动

案情

胡某系某集团下属科技股份公司的机修工。2018年5月24日，胡某在代表公司参加集团举办的第五届职工运动会篮球比赛时，发生碰撞摔倒受伤，诊断为：左踝韧带损伤，下胫腓联合处损伤。2018年6月19日，公司为胡某向当地社会保险行政部门提交工伤认定申请。社会保险行政部门受理后，根据同事证言、参赛名单、比赛时间表等证据，确定事发经过后，依据《工伤保险条例》第十四条第（一）项的规定，认定胡某为工伤。

裁判

在认定"工作时间""工作场所""工作原因"时不能机械，应当作广义理解，即只要是用人单位从自身利益出发，给职工安排或组织的与工作或单位利益有关的各项任务、活动，都可以视为工作。职工代表单位参加体育比赛受伤，可以视同职工参加单位临时指派的一项工作而受伤，是职工工作的延伸，应视为因工作原因所致。国务院法制办公室对《关于职工参加单位组织的体育活动受到伤害能否认定为工伤的请示》的复函明确指出，作为单位的工作安排，职工参加体育训练活动而受到伤害的，应当依照《工伤保险条例》第十四条第（一）项认定为工伤。

16. 司机驾驶车辆因交通事故受伤，但肇事获刑，还能认定为工伤吗？

关键词　司机驾驶车辆执行本单位正常工作时发生交通事故应视为"三工"原因，不受交通事故责任限制

案情

付某在某物流公司担任司机，负责往省外地区运送货物。2013年4月18日，在为公司出车时，付某因疲劳驾驶在高速路上与一辆面包车相撞，事故导致一死两伤。付某被法院以交通肇事罪判处有期徒刑1年6个月，因其在事故中受重伤，暂予监外执行。公司拒绝为付某申报工伤，理由是付某在事故中承担全部责任，且已被法院判罪，不应被认定为工伤。付某的亲属只好自行向当地社会保险行政部门申请工伤认定。社会保险行政部门经调查后认定付某为工伤。

裁判　本案的争议焦点是，因过失犯罪被处以刑罚的劳动者，还能享受工伤待遇吗？社会保险行政部门认为，司机付某是在执行本单位工作任务时发生的交通事故，鉴于司机行业的特殊性，付某应属于"在工作时间和工作场所内，因工作原因受到事故伤害"，

虽然付某已被法院判处交通肇事罪，但其并非故意犯罪，而属于过失犯罪，不在《工伤保险条例》规定的应排除认定或者视同工伤的情形中。所以，依法应认定付某为工伤。经过调解，公司接受了工伤认定决定。

实践中应该注意，司机驾驶车辆执行本单位正常工作时发生交通事故导致本人伤亡的，应视为"三工"原因，且不受交通事故责任限制。只要司机在事故中不存在《中华人民共和国社会保险法》第三十七条和《工伤保险条例》第十六条规定的法定排除情形，就应认定为工伤。其他如正常工作、因公外出期间等驾驶、乘坐车辆发生事故的，也不受交通事故责任限制。这几种情况下的工伤认定不应与"上下班途中非本人主要责任的交通事故"的责任条件相混淆。

第2节

预备性或收尾性工作典型案例

要点释义

《工伤保险条例》第十四条第(二)项规定,职工工作时间前后在工作场所内,从事与工作有关的预备性或者收尾性工作受到事故伤害的,应当认定为工伤。

其中:

◆ "工作时间",是指职工劳动合同约定的工作时间或者用人单位规定的工作时间以及加班加点的工作时间。

◆ "工作场所",是指职工日常工作所在的场所,以及领导临时指派其所从事工作的场所;在有多个工作场所的情形下,还包括职工来往于多个工作场所之间的合理区域。

◆ "预备性工作",是指在法律规定的或者单位要求的工作时间开始之前的一段合理时间内,职工在工作场所内从事与工作有关的准备工作,诸如运输、备料、准备工具等。

◆ "收尾性工作",是指在法律规定的或者单位要求的工作时间结束之后的一段合理时间内,职工在工作场所内从事与工作有关的收尾工作,诸如清理场地、安全储存、收拾工具和衣物等。

在实际工作中,到底什么情况属于从事与工作有关的预备性或者收尾性工作,应根据具体情况判定,主要考虑因果关系。

典型案例

17. 去更衣室换工作服时摔伤，能认定为工伤吗？

关键词 预备性工作

案情 付某系某酒店的客房服务员。2015年10月的一天，付某上班后，在去酒店更衣室换穿工作服的途中，不慎摔下楼梯，导致右腿骨折。事后，付某向当地社会保险行政部门提出工伤认定申请，社会保险行政部门经调查核实后，认定付某为工伤。酒店不服，向法院提起诉讼。

裁判 社会保险行政部门认为，依据《工伤保险条例》第十四条第（二）项规定，职工工作时间前后在工作场所内，从事与工作有关的预备性或者收尾性工作受到事故伤害的，应当认定为工伤。本案中，付某作为酒店的客房服务人员，准备上岗前去更衣室换穿工作服，属于工作前在工作场所内做与工作有关的预备性工作，应认定为工伤。

法院经审理维持了工伤认定决定。

18. 上班打考勤卡前摔伤，能认定为工伤吗？

关键词 预备性工作

案情 王某是某服饰公司的职工，上班时间为早上8时。公司要求职工上下班必须打卡，以此作为考勤记录，打卡处在公司二楼楼梯口。一日，王某早上7时45分进入公司大门后，在准备去二楼打卡的过程中不慎摔伤。治疗出院后，王某向公司要求申请工伤认定，公司认为王某受伤时还未刷考勤卡，不能算已经进入工作场所，不符合工伤认定的条件。王某只好自行向当地社会保险行政部门申请工伤认定并被认定为工伤。

裁判　　社会保险行政部门认为，公司对"工作场所"的理解过于机械。首先，"工作场所"不仅指实际的工作岗位，也包括职工为完成某项特定工作所涉及的单位以外的相关区域。其次，上班打卡属于根据公司规定所从事的活动，是为了完成公司规定的日常考勤工作，应属于预备性工作。最后，王某是在工作时间前的一段合理时间内受伤的。因此，王某依法符合工伤认定的条件。

　　公司最终接受了社会保险行政部门的工伤认定决定。

19. 工作结束后清理操作台受伤，能认定为工伤吗？

关键词　收尾性工作

案情　　李某是一家机械公司的职工。下班时清理操作台是李某的工作职责。一日下班后，同事王某以次日赶工期为由，将李某重新叫回公司清理操作台。不料，在清理过程中，李某右手的一根手指卡入正在运作的机械部件中，造成手指骨折。公司认为，李某受伤时间非工作时间，不符合认定工伤的情形，拒绝为其申报工伤。李某自行向当地社会保险行政部门提交了工伤认定申请并被认定为工伤。

裁判　　社会保险行政部门认为，依据《工伤保险条例》第十四条第（二）项规定，工作时间前后在工作场所内，从事与工作有关的

26

预备性或者收尾性工作受到事故伤害的，应当认定为工伤。本案中，李某是在工作结束后清理操作台而受伤，属于工作时间后在工作场所内，从事与工作有关的收尾性工作受到事故伤害，因此，李某应被认定为工伤。

公司最终接受了社会保险行政部门的工伤认定决定。

20. 车间操作工下班后在单位浴室洗澡摔伤，能认定为工伤吗？

关键词　收尾性工作

案情

林某是某公司制造车间操作岗位职工。由于操作岗位职工常年接触沙尘和油污，公司便在车间附近设置了一个浴室，供职工下班后清洗。一日，林某下班后在浴室洗澡时，不慎摔倒受伤。林某要求公司申请工伤认定，被公司拒绝。林某便自行向当地社会保险行政部门申请了工伤认定，并最终被认定为工伤。公司不服，向法院提起诉讼。

裁判　公司认为，浴室并非工作场所，林某洗澡时是下班后，摔倒原因是自己不慎造成的。因此，林某并非在工作时间和工作岗位上受伤，受伤原因更与工作无关，要求撤销工伤认定决定。

社会保险行政部门认为，依据《工伤保险条例》第十四条第

（二）项规定，职工在工作时间前后在工作场所内，从事与工作有关的预备性或者收尾性工作受到事故伤害的，应当认定为工伤。其中，"收尾性工作"，是指在工作后的一段合理时间内，从事与工作有关的收尾工作，如收拾工具和工作服、做操作后的个人清理等。本案中，浴室虽非字面上的工作场所，但却是公司为带沙工作的岗位职工准备的清洗场所，应视为与工作有关。林某洗浴也是从岗位上下班之后立即前往浴室，这段时间符合工作后的合理时间这一条件。在公司浴室洗澡，清理因工作沾染的沙尘，应视为从事与工作相关的收尾性工作。综合各方面因素，林某的受伤情形符合《工伤保险条例》的上述规定，应被认定为工伤。

法院经审理维持了工伤认定决定。

21. 同时在单位洗澡被烫伤，为何不能都认定为工伤？

> 关键词　收尾性工作、与工作有无关联

> 案情　周某是某煤矿公司的一名综采工人。一日上午下夜班升井后，他去公司的职工澡堂洗澡。在澡堂同一水池泡澡的还有另一名综采工人刘某。刘某当日歇班，晨练后来职工澡堂洗澡。在泡澡过程中，二人被突然注入水池的热水烫伤。周某、刘某被送往医院救治。之后，周某被认定为工伤，而刘某没被认定为工伤。刘某不服，向法院提起诉讼。

> 裁判　刘某认为，自己和周某都是在职工澡堂洗澡受伤，周某被认定为工伤，自己也应该被认定为工伤。

社会保险行政部门认为，职工为做好工作，在正式工作时间前后，有时需要做一些与工作有关的预备性或者收尾性工作。虽然这段时间不是职工的正式工作时间，场所可能也不是正式工作场所，但是若在这段时间内、在另外场所从事预备性或者收尾性工作受到伤害是与工作有直接联系的，依据《工伤保险条例》第十四条第（二）项规定，应当认定为工伤。本案中，周某作为综采工人，因工种的特殊性，每次下班升井后都需先去职工澡堂洗澡，然后更换衣服，属于与综采工作紧密关联的收尾性工作。因此，周某在洗澡过程中受伤应当被认定为工伤。而刘某则不同，其洗澡行为属于歇班期间的个人行为，与工作无关，其在洗澡过程中受到伤害不能被认定为工伤。

法院经审理维持了不予认定刘某为工伤的决定。

暴力等意外伤害典型案例

要点释义

《工伤保险条例》第十四条第(三)项规定,职工在工作时间和工作场所内,因履行工作职责受到暴力等意外伤害的,应当认定为工伤。

◆ "工作时间",是指职工劳动合同约定的工作时间或者用人单位规定的工作时间、加班加点的工作时间,以及在工作时间前后所做的预备性或收尾性工作所占据的时间。

◆ "工作场所",是指职工日常工作所在的场所,以及领导临时指派其所从事工作的场所;在有多个工作场所的情形下,还包括职工来往于多个工作场所之间的合理区域。

◆ "因履行工作职责受到暴力等意外伤害",包括两层含义:一是指职工所受暴力等意外伤害是因其完成工作任务所致;二是指在工作时间和工作场所内,职工在履行工作职责期间由于意外因素(如地震、厂区失火、车间房屋倒塌等)导致的人身伤害。需注意的是,职工因情感、恩怨等与履行工作无关的原因遭受暴力等意外伤害的,不能认定为因履行工作职责受到伤害。

延伸阅读

● 劳动和社会保障部办公厅《关于对〈工伤保险条例〉有关条款释义的函》(劳社厅函〔2006〕497号)

……其中"因履行工作职责受到暴力等意外伤害"中的因履行工作职责受到暴力伤害是指受到暴力伤害与履行工作职责有因果关系。

典型案例

22. 保安拒绝业主不合理要求被打伤，能认定为工伤吗？

关键词 因履行工作职责受到暴力伤害

案情 桑某系某物业公司管理小区的保安。2018年6月2日，桑某在小区北门值班室当班，小区业主张某、陈某酒后因裤子被物业公司设置的护栏刮破，遂进入北门值班室要求物业赔偿，在遭到拒绝后将值班保安桑某打伤。桑某被诊断为：右膝外伤,右膝前交叉韧带断裂,半月板损伤,右胫骨平台骨挫伤,右膝关节积液。2018年8月10日，桑某向当地社会保险行政部门提出工伤认定申请。社会保险行政部门受理，根据接处警情况登记表、派出所出具的情况说明等证据，确定事发经过后，依据《工伤保险条例》第十四条第（三）项规定，认定桑某为工伤。物业公司不服，向法院提起诉讼。

裁判 《工伤保险条例》第十四条第（三）项规定的因履行工作职责受到暴力等意外伤害，是指他人因不服从职工履行其工作职责的管理行为而施加暴力对职工造成的伤害，该暴力伤害与履行工作职责应具有直接因果关系。此处暴力伤害不仅包括他人对职工履行工作职责的行为不满而采取打击报复措施，也包括他人对用工单位不满，针对该单位不特定对象所实施的暴力伤害。工伤认定中应着重审查职工因履行工作职责而受到暴力伤害是否以维护用人单位利益为目的。本案中，保安桑某在履行工作职责时被打，应被认定为工伤。

法院经审理维持了工伤认定决定。

23. 电工拒绝不合理要求被打伤，能认定为工伤吗？

关键词　因履行工作职责受到暴力伤害

案情

路某是某供电公司农电工，主要负责其所居住村的农电管理工作。进入夏季，为保障用电高峰稳定供电，路某接受公司领导安排，将全村电网停电后进行全面检修，检修结束后方可统一恢复供电。在检修过程中，一村民要求路某提前恢复供电。在遭到路某拒绝后，该村民一时情绪激动，将路某打伤。路某向当地社会保险行政部门提出工伤认定申请，并被认定为工伤。路某所在单位不服，向法院提起诉讼。

裁判

公司认为，路某是被别人打伤，不能算作工伤。

社会保险行政部门认为，依据《工伤保险条例》第十四条第

（三）项规定，在工作时间和工作场所内，因履行工作职责受到暴力等意外伤害的，应当认定为工伤。本案中，路某作为所负责村的农电工，在接受公司任务后开展停电检修工作，属于履行工作职责。在全面检修尚未结束时，路某拒绝为涉事村民提前恢复供电也是在履行工作职责。路某因履行工作职责，使涉事村民不合理的"提前恢复供电"目的没有达到，该村民出于报复而对路某实施了暴力人身伤害。因此，路某应当被认定为工伤。

法院经审理维持了工伤认定决定。

24. 酒店服务员制止客人打架受伤，能认定为工伤吗？

关键词　因履行工作职责受到暴力伤害

案情

张某在某酒店从事服务员工作。一日中午，两位客人在就餐时发生肢体冲突，其间毁坏酒店物品并影响到其他客人。张某于是上前制止，却被其中一位客人推倒在地，导致其右手腕扭伤，后这两位客人赔偿酒店损失后匆匆离去。张某随后因手腕伤痛加重前往医院就医，花去医疗费近2 000元。伤愈后，张某要求酒店为其申请工伤认定，遭到拒绝。张某此时已无法找到推倒自己的客人，无奈之下只好自行向当地社会保险行政部门提出工伤认定申请，并被认定为工伤。

33

裁判

酒店认为，张某受伤是因被客人推倒所致，应当向伤人者索要赔偿，而且制止客人打架也不属于其主要工作职责，因此张某不应被认定为工伤。

社会保险行政部门认为，依据《工伤保险条例》第十四条第（三）项规定，职工在工作时间和工作场所内，因履行工作职责受到暴力等意外伤害的，应当认定为工伤。本案中，张某作为酒店服务员，维护好酒店的正常就餐环境是其服务工作的一部分。张某在制止客人之间的冲突时，被客人推倒而受伤，应属于"因履行工作职责受到暴力等意外伤害"，且案发时张某是在工作时间和工作场所内。因此，张某符合工伤认定的条件，依法应被认定为工伤。

最终，酒店接受了工伤认定决定。

25. 因工作原因与同事互殴受伤，不属于工伤

关键词 非履行工作职责受到暴力伤害

案情

李某系某物业管理公司电工。2017年7月23日，李某在物业处工作时，使用同事张某的私人电风扇用于配电房断路器扇风降温，导致张某不满，后张某与李某发生争执并互殴，致李某受伤。李某经医院诊断为：右眼眶内壁骨折，全身多处软组织挫伤，颅脑闭合性损伤。2018年5月31日，李某向当地社会保险行政部门提出工伤认定申请。社会保险行政部门受理，根据出院记录、收入证明、接处警情况登记表、民事判决书等证据，确定事发经过后，作出了不予认定李某为工伤的决定。

> **裁判**
>
> "因履行工作职责受到暴力等意外伤害",应该与履行工作职责具有直接因果关系。履行工作职责发生争议时,职工应该以恢复正常履行工作职责状态为目的,并以适度的方法和手段达到目的,行为不应超过合理、必要的限度。本案中,李某与同事张某发生打斗系双方个人行为,并非履行工作职责行为。李某与张某的纠纷完全可以通过合法的、正当的方式来解决,李某采取非正当的暴力方式履职,不但违反了劳动纪律,且违反了法律法规的规定。其行为不受法律保护,所受伤害与正当履职受到暴力伤害有本质区别。

26. 在工作时间因私人原因受到暴力伤害,不属于工伤

> **关键词** 非履行工作职责受到暴力伤害

> **案情**
>
> 张某系某保险公司分公司职工。2013年11月的一天,张某到另一分公司找朋友时,与该分公司职工冯某发生争执,两人在推搡过程中,张某左眼被冯某打伤。当地派出所在询问笔录中载明:"双方因个人原因发生争执"。事后,张某向当地社会保险行政部门提出工伤认定申请。社会保险行政部门经调查核实后,作出不予认定张某为工伤的决定。张某不服,向法院提起诉讼。

裁判

社会保险行政部门认为,《工伤保险条例》第十四条第(三)项规定,职工在工作时间和工作场所内,因履行工作职责受到暴力等意外伤害的,应当认定为工伤。本案中,根据警方对张某和冯某的询问笔录、证人证言、案件和解协议书等相关证据,可以证明张某虽然是在工作时间与冯某发生冲突并受到暴力伤害,但该伤害与履行工作职责无直接因果关系,故不应认定张某为工伤。

法院经审理维持了不予认定工伤的决定。

第4节

职业病典型案例

要点释义

《工伤保险条例》第十四条第(四)项规定,职工患职业病的,应当认定为工伤。

《中华人民共和国职业病防治法》规定,职业病是指企业、事业单位和个体经济组织等用人单位的劳动者在职业活动中,因接触粉尘、放射性物质和其他有毒、有害因素而引起的疾病。当前《职业病分类和目录》共列出了十大类132种职业病。对从事接触职业病危害作业的劳动者,用人单位应当按照国家有关规定组织上岗前、在岗期间和离岗时的职业健康检查。疑似职业病病人在诊断、医学观察期间的费用,由用人单位承担。劳动者被诊断为职业病,依据《工伤保险条例》的规定,享受工伤待遇。所在单位参加了工伤保险的,相关待遇分别由工伤保险基金和用人单位支付;未参加工伤保险的,其待遇由用人单位支付。

与外伤事故和急性中毒相比,职业病具有一定的潜伏性和迟发性,为了保护罹患职业病的工伤职工的合法权益,经过不断完善,我国工伤保险制度已实现了对职业病职工的全程保障,包括职工在离开工作岗位或办理离退休手续后又发现职业病,符合条件的也能被认定为工伤。

延伸阅读

● 《工伤保险条例》

第十七条 职工发生事故伤害或者按照职业病防治法规定被诊断、鉴定为职业病,所在单位应当自事故伤害发生之日或者被诊断、鉴定为职业病之日起30日内,向统筹地区社会保险行政部门提出工伤认定申请。遇有特殊情况,经报社会保险行政部门同意,申请时限可以适当延长。

用人单位未按前款规定提出工伤认定申请的,工伤职工或者其近亲属、工会组织在事故伤害发生之日或者被诊断、鉴定为职业病之日起1年内,可以直接向用人单位所在地统筹地区社会保险行政部门提出工伤认定申请。

按照本条第一款规定应当由省级社会保险行政部门进行工伤认定的事项,根据属地原则由用人单位所在地的设区的市级社会保险行政部门办理。

用人单位未在本条第一款规定的时限内提交工伤认定申请,在此期间发生符合本条例规定的工伤待遇等有关费用由该用人单位负担。

第十九条 社会保险行政部门受理工伤认定申请后,根据审核需要可以对事故伤害进行调查核实,用人单位、职工、工会组织、医疗机构以及有关部门应当予以协助。职业病诊断和诊断争议的鉴定,依照职业病防治法的有关规定执行。对依法取得职业病诊断证明书或者职业病诊断鉴定书的,社会保险行政部门不再进行调查核实。

● **《人力资源社会保障部关于执行〈工伤保险条例〉若干问题的意见》（人社部发〔2013〕34号）**

八、曾经从事接触职业病危害作业、当时没有发现罹患职业病、离开工作岗位后被诊断或鉴定为职业病的符合下列条件的人员,可以自诊断、鉴定为职业病之日起一年内申请工伤认定,社会保险行政部门应当受理:

（一）办理退休手续后,未再从事接触职业病危害作业的退休人员;

（二）劳动或聘用合同期满后或者本人提出而解除劳动或聘用合同后,未再从事接触职业病危害作业的人员。

经工伤认定和劳动能力鉴定,前款第（一）项人员符合领取一次性伤残补助金条件的,按就高原则以本人退休前12个月平均月缴费工资或者确诊职业病前12个月的月平均养老金为基数计发。前款第（二）项人员被鉴定为一级至十级伤残、按《条例》规定应以本人工资作为基数享受相关待遇的，按本人终止或者解除劳动、聘用合同前12个月平均月缴费工资计发。

九、按照本意见第八条规定被认定为工伤的职业病人员，职业病诊断证明书（或职业病诊断鉴定书）中明确的用人单位，在该职工从业期间依法为其缴纳工伤保险费的，按《条例》的规定，分别由工伤保险基金和用人单位支付工伤保险待遇；未依法为该职工缴纳工伤保险费的，由用人单位按照《条例》规定的相关项目和标准支付待遇。

● **《中华人民共和国职业病防治法》**

第五十七条 职业病病人的诊疗、康复费用，伤残以及丧失劳动能力的职业病病人的社会保障，按照国家有关工伤保险的规定执行。

第五十八条 职业病病人除依法享有工伤保险外，依照有关民事法律，尚有获得赔偿的权利的，有权向用人单位提出赔偿要求。

第五十九条 劳动者被诊断患有职业病，但用人单位没有依法参加工伤保险的，其医疗和生活保障由该用人单位承担。

典型案例

27. 未组织职工进行上岗前职业健康检查，应承担工伤保险责任

关键词 未依法组织职工做上岗前职业健康检查

胥某于2010年3月11日至2010年6月28日在某炭素公司从事炭素煅烧加料工作，公司未依法让其做上岗前职业健康检查。2012年9月，市疾病预防控制中心作出职业病诊断证明书，对胥某诊断为"石墨尘肺Ⅱ期"。公司提出异议并申请重新鉴定，随后市职业病诊断鉴定委员会作出职业病诊断鉴定书，对胥某职

业病诊断为"石墨尘肺Ⅱ期"。公司仍不服,向省职业病诊断鉴定委员会申请再次鉴定,省职业病诊断鉴定委员会于2013年2月作出职业病诊断鉴定书,诊断结论为"煤工尘肺Ⅱ期",职业病危害接触史为2010年3月至2010年6月在炭素公司从事煅烧加料工作,1998年2月至2004年9月在山西临汾多个煤矿从事掘进工作。另外,2012年7月,胥某在职业健康检查中自述有气短、胸闷3年的临床症状。2013年4月10日,胥某被当地社会保险行政部门认定为工伤。炭素公司不服,向法院提起诉讼。

【裁判】

本案历经了一审、二审,到最高人民法院再审。最高人民法院再审认为:

(1)《职业病诊断与鉴定管理办法》第三十六条第四款规定,职业病鉴定实行两级鉴定制,省级职业病鉴定结论为最终鉴定。依据上述规定,省职业病诊断鉴定委员会的诊断鉴定为最终鉴定,具有最终的法律效力。胥某罹患"煤工尘肺Ⅱ期"职业病的事实清楚。

(2)根据《工伤保险条例》第十九条第二款的规定,职工或者其近亲属认为是工伤,用人单位不认为是工伤的,应由用人单位承担举证责任。本案工伤认定过程中,炭素公司在当地社会保险行政部门指定的举证期限内并未举示出胥某所患职业病是在其他公司形成的有效证据，胥某虽然在1998年至2004年间在山西临汾多个煤矿从事过掘进工作，并在2012年自述有"气短、胸闷3年"的症状，但并无证据证实其在此期间确已患上职业病，且该炭素公司亦未提供证据证明其已依法按照《中华人民共和国职业病防治法》第三十五条的规定，对从事接触职业病危害作业的劳动者组织上岗前职业健康检查，而是直接安排胥某从事接触职业病危害的作业，存在过错，导致无法排除胥某的职业病是在该公司工作期间罹患的可能，依法应承担相应的责任。

法院经审理维持了工伤认定决定。

28. 解除劳动合同后发现罹患职业病，还能认定为工伤吗？

关键词 解除劳动合同后未再从事接触职业病危害作业的

案情 2010年1月至2013年1月，李某在某耐火材料厂从事成型工，长期接触石英粉尘。2013年1月25日，用人单位以李某违纪为由与其解除劳动合同。2015年4月9日，李某到市职业病防治院住院治疗，并于2015年5月21日被该院确诊为"矽肺Ⅲ期+TB"。市职业病防治院出具的职业病诊断证明书备注中记载：2012年患者在市第一医院确诊为"空洞型肺结核"，现仍在服用药物治疗。李某提供社区居委会出具的证明材料及其享受城市居民最低生活保障的证件，能够证明其离开原单位后未从事其他工作。2015年6月，李某向当地社会保险行政部门提出工伤认定申请。社会保险行政部门认定李某所患职业病为工伤。用人单位不服，向法院提起诉讼。

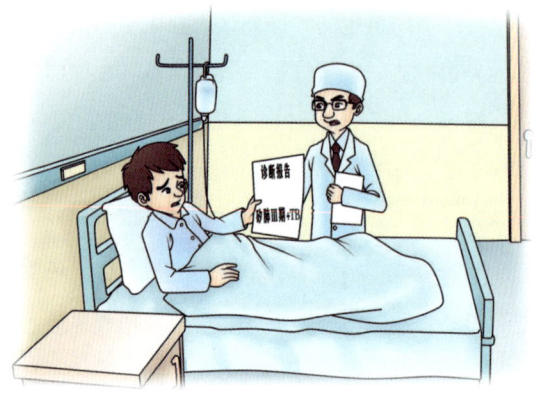

裁判

法院认为,依据《人力资源社会保障部关于执行〈工伤保险条例〉若干问题的意见》(人社部发〔2013〕34号)第八条第一款第(二)项规定,曾经从事接触职业病危害作业、当时没有发现罹患职业病、离开工作岗位后被诊断或鉴定为职业病的人员,劳动或聘用合同期满后或者本人提出解除劳动或聘用合同后,未再从事接触职业病危害作业的,可自诊断、鉴定职业病之日起一年内申请工伤认定,社会保险行政部门应当受理。本案中,李某在被诊断为职业病"矽肺Ⅲ期+TB"后的第二个月即向社会保险行政部门提出工伤认定申请,符合上述相关规定。

虽然用人单位以违纪为由已于2013年1月与李某解除劳动合同,李某于2015年5月才被确诊为职业病,但依据李某提供的证据能够证明其离开原单位后未再从事任何工作,所患职业病为工伤。用人单位主张李某所患职业病与该单位接触职业病危害因素之间不具有关联性,但未提供反驳证据予以证明,也未能提供有效证据证明李某离开用人单位后从事过其他接触职业病危害因素的作业,故不予采信。

法院经审理维持了工伤认定决定。

29. 退休人员被诊断为职业病,还能认定为工伤吗?

关键词 办理退休手续后未再从事接触职业病危害作业的

案情

胡某于2008年11月从某单位退休。2011年开始,胡某在无明显诱因下出现咳嗽、多痰、胸闷、气急等症状。2015年7月,胡某经当地疾病预防控制中心诊断为职业病(尘肺Ⅱ期)。当胡某拿着诊断结论找到原工作单位要求提交工伤认定申请时,该单位负责人却拒绝了。单位认为,工伤认定的对象是与单位存在劳动关系(包括事实劳动关系)的职工,而胡某作为退休人员,与单位之间不再存在劳动关系,不具备申请工伤认定的法律主体资格。胡某自行向当地社会保险行政部门提出了工伤认定申请。

裁判

职业病与一般的工伤有很大的不同,职业病的发病存在一个潜伏期,许多曾经从事过接触粉尘、放射性物质和其他有毒、有害物质生产工作的职工往往在退休前并未检查出患有职业病,直到退休一段时期后才被确诊。而此时退休人员已脱离用人单位,退出劳动领域,与用人单位之间不再存在劳动关系,不再是《工伤保险条例》所规定意义上的职工,如果不能得到工伤认定,就有可能丧失享受工伤待遇的权利。

《人力资源社会保障部关于执行〈工伤保险条例〉若干问题的意见》(人社部发〔2013〕34号)第八条明确规定,"曾经从事接触职业病危害作业、当时没有发现罹患职业病、离开工作岗位后被诊断或鉴定为职业病的符合下列条件的人员,可以自诊断、鉴定为职业病之日起一年内申请工伤认定,社会保险行政部门应当受理:(一)办理退休手续后,未再从事接触职业病危害作业的退休人员……"《工伤保险条例》第十九条规定,"社会保险行政部门受理工伤认定申请后,根据审核需要可以对事故伤害进行调查核实……对依法取得职业病诊断证明书或职业病鉴定书的,社会保险行政部门不再进行调查核实。"

最终,当地社会保险行政部门依据上述规定认定胡某为工伤,用人单位也接受了工伤认定决定。

第 5 节

因工外出典型案例

要点释义

《工伤保险条例》第十四条第(五)项规定，职工因工外出期间，由于工作原因受到伤害或者发生事故下落不明的，应当认定为工伤。

◆ "因工外出期间"，是指职工不在本单位的工作范围内，由于工作需要被领导指派到本单位以外工作，或者为了更好地完成工作，自己到本单位以外从事与本职工作或本单位业务范围有关的工作。

这里的"外出"包括两层含义：一是指到本单位以外但是还在本地范围内；二是指不仅离开了本单位，并且到本地区以外或境外。在第一种情况下，可以是受用人单位指派，也可以是因职责需要自行外出活动。在第二种情况下，则必须是受用人单位指派。

◆ "由于工作原因受到伤害"，是指由于工作原因直接或间接造成的伤害，包括事故伤害、暴力伤害和其他形式的伤害。

工作原因包括直接工作原因和间接工作原因。直接工作原因即从事与外出工作有直接关系的事项而受伤，如开会、学习、公务活动等；间接工作原因即职工因工外出期间为解决必需的生理需求而受伤。

职工受单位指派外出学习、开会期间，在学习、开会单位安排的休息场所休息时受到伤害的，应当认定为工伤。

需注意的是，职工因工作原因驻外，有固定的住所、有明确的作息时间，工伤认定时应按照在驻在地当地正常工作的情形处理。

◆ "发生事故下落不明"，是指因遭受安全事故、空难事故、船舶事故、意外事故或者自然灾害等各种形式的事故而失去音讯，职工生死不确定的情形。

延伸阅读

●**《人力资源社会保障部关于执行〈工伤保险条例〉若干问题的意见》（人社部发〔2013〕34号）**

一、《工伤保险条例》（以下简称《条例》）第十四条第（五）项规定的"因工外出期间"的认定，应当考虑职工外出是否属于用人单位指派的因工作外出，遭受的事故伤害是否因工作原因所致。

●**《人力资源社会保障部关于执行〈工伤保险条例〉若干问题的意见（二）》（人社部发〔2016〕29号）**

五、职工因工作原因驻外，有固定的住所、有明确的作息时间，工伤认定时按照在驻在地当地正常工作的情形处理。

●**《最高人民法院关于审理工伤保险行政案件若干问题的规定》（法释〔2014〕9号）**

第五条 社会保险行政部门认定下列情形为"因工外出期间"的，人民法院应予支持：

（一）职工受用人单位指派或者因工作需要在工作场所以外从事与工作职责有关的活动期间；

（二）职工受用人单位指派外出学习或者开会期间；

（三）职工因工作需要的其他外出活动期间。

职工因工外出期间从事与工作或者受用人单位指派外出学习、开会无关的个人活动受到伤害，社会保险行政部门不认定为工伤的，人民法院应予支持。

●**最高人民法院行政审判庭《关于职工外出学习休息期间受到他人伤害应否认定为工伤问题的答复》〔（2007）行他字第9号〕**

职工受单位指派外出学习期间，在学习单位安排的休息场所休息时受到他人伤害的，应当认定为工伤。

典型案例

30. 上门维修被业主家狗咬伤，能认定为工伤吗？

关键词 因工外出、工作原因

案情

张某在一家物业公司上班。一日，物业公司接到业主报修电话，便派张某上门维修。张某到达业主住处后，刚敲门进入，业主饲养的一只宠物狗就向他扑了过来，将其左小腿咬伤。在业主的陪同下，张某去医院注射了疫苗。事后，张某要求公司申报工伤，但遭到公司拒绝，于是其自行向当地社会保险行政部门提交了工伤认定申请。社会保险行政部门认定张某为工伤。

裁判

物业公司认为，张某被狗咬伤，不属于因为工作原因受到伤害，不应认定为工伤。

社会保险行政部门认为，依据《工伤保险条例》第十四条第（五）项规定，职工因工外出期间，由于工作原因受到伤害或者发生事故下落不明的，应当认定为工伤。本案中，张某受物业公司指派去业主维修，属于因工外出；进入业主家时被业主饲养的狗咬伤，属于因履行工作职责受到伤害。此外，法律上并未规定实施伤害的主体不能是动物。因此，张某应被认定为工伤。

公司最终接受了工伤认定决定。

31. 拜访客户返回公司途中摔伤，能认定为工伤吗？

 因工外出、工作原因

案情

张某在一家环保科技有限公司从事销售工作，公司未为他参加工伤保险。一日，张某根据公司领导安排，去另外一家公司拜访客户。当日15时许，张某在乘坐地铁返回公司的途中，因地铁站扶梯上人群拥挤不慎摔倒，导致右手臂骨折。出院后，张某向当地社会保险行政部门申请工伤认定，被认定为工伤。公司不服，向法院提起诉讼。

裁判 公司认为，张某在地铁站内自己不慎摔倒，其受伤既不是在工作场所内，也并非因工作原因，且不属于上下班发生交通事故，因此不应认定为工伤。

社会保险行政部门认为，依据《工伤保险条例》第十四条第（五）项规定，职工因工外出期间，由于工作原因受到伤害或者发生事故下落不明的，应当认定为工伤。本案中，作为销售人员，张某外出拜访客户是为了完成工作任务，属于因工外出，其拜访完客户返回公司的途中仍属于因工外出期间，其摔伤应视为因工作原因。因此，张某应被认定为工伤。

法院经审理维持了工伤认定决定。

32. 在单位组织的拓展训练中受伤，能认定为工伤吗？

关键词 参加单位组织的拓展训练属于因工外出期间

案情 黄某系某中学教师。2014年4月20日，黄某在参加单位组织的外出考察过程中，进行拓展训练时不慎摔倒受伤，被诊断为：腰肌扭伤，腰椎骨折。事后，黄某向当地社会保险行政部门提出工伤认定申请。社会保险行政部门受理后，向黄某任教的中学送达了举证通知书。该中学反馈称，认可黄某的受伤经过，但认为与工作无关，不属于工伤。社会保险行政部门经调查核实后，依据《工伤保险条例》第十四条第（五）项规定，认定黄某为工伤。

裁判 《工伤保险条例》第十四条第（五）项规定，职工因工外出期间，由于工作原因受到伤害或者发生事故下落不明的，应当认定为工伤。本案中，黄某在参加单位组织的职工拓展训练中受伤，属于因工外出期间由于工作原因受到伤害，应认定为工伤。

33. 未经领导指派自行因工外出，返程遭遇交通事故受伤，能认定为工伤吗？

关键词 职工因职责需要自行决定外出

案情

陈某为某石材厂叉车工。在一次上班前的预备工作中，他发现自己所驾驶的叉车无法正常起动。陈某马上找到为厂里长年提供维修服务的技师杨某进行维修。经过一番检查，杨某发现叉车油泵出现故障，需去县城校正。不巧的是，当天值班主任有事请假，陈某给厂领导打电话又未联系上。为了不影响正常生产，陈某自行决定去县城校正油泵，在校完油泵返厂途中，遭遇交通事故受重伤。交警部门认定陈某在事故中无责任。事后，陈某的亲属向当地社会保险行政部门提出工伤认定申请，陈某被认定为工伤。石材厂不服，向法院提起诉讼。

裁判

石材厂认为，陈某虽为其厂叉车工，但事故当天他去县城校正油泵并未经值班主任或厂领导安排或同意，属于私自外出，不应被认定为工伤。

社会保险行政部门认为，依据《工伤保险条例》第十四条第（五）项规定，职工因工外出期间，由于工作原因受到伤害或者发生事故下落不明的,应当认定为工伤。《最高人民法院关于审理工伤保险行政案件若干问题的规定》(法释〔2014〕9号)第五条规定,职工受用人单位指派或者因工作需要在工作场所以外从事与工作职责有关的活动期间,社会保险行政部门认定该情形为"因工外出期间"的,人民法院应予支持。

经调查,陈某在事故当天去县城的唯一目的就是校正油泵,油泵维修店及厂门卫可以证实。并且陈某为确保厂里工作正常运转,在校正完油泵后及时返回。社会保险行政部门认为,陈某在无法联系上单位领导的情况下,为了不影响单位的正常生产,维护单位的利益,积极主动地去县城(本单位外的本地区范围内)校正油泵,可以未经领导指派,根据职责需要自行作出决定。石材厂将"指派与否"作为认定工伤的唯一依据,这种理解是片面的。

法院经审理维持了工伤认定决定。

34. 赴病故职工追悼会的途中遇车祸死亡,能认定为工伤吗?

关键词 从事与工作职责有关的活动

案情 曹某系某单位高层管理人员。2018年7月的一天,该单位退休职工李某病逝,李某的亲属请求曹某参加李某的追悼会,曹某同意了该请求,并将自己去参加追悼会的事项提前告知了本单位管理层。第二天早晨6时,曹某自行驾车从单位出发前往追悼会现场,途中发生车祸致伤,后经医院抢救无效于当日死亡。2018年8月,曹某的亲属向当地社会保险行政部门提出工伤认定申请。社会保险行政部门认定曹某为工伤。单位不服,提出行政复议申请。

裁判

曹某所在单位认为，曹某参加已故职工李某的追悼会并非因工指派，请求撤销工伤认定决定。

本案争议的焦点是曹某受到的事故伤害是否属于"因工外出期间"或"由于工作原因"的问题。依据《最高人民法院关于审理工伤保险行政案件若干问题的规定》（法释〔2014〕9号），职工因工作需要在工作场所以外从事与工作职责有关的活动期间，应当认定为"因工外出期间"。本案中，死者曹某生前系所在单位管理人员，关心爱护职工是其应尽的工作职责。曹某应李某亲属的请求同意参加李某的追悼会，并将该活动事项告知了本单位管理层，是履行职责的表现。曹某赴追悼会的行为非属个人活动而系工作所需，是代表单位前往。其自行驾车离开工作场所赴追悼会的路途活动属于从事与工作职责有关的活动，此期间应当认定为"因工外出期间"。曹某在因工外出的路途中非因从事个人活动发生交通事故，其受到事故伤害应认定为"由于工作原因"。因此，应认定曹某因工外出期间，由于工作原因受到事故伤害，属于工伤。

行政复议维持了工伤认定决定。

35. 职工外出开会休息期间洗澡受到意外伤害，能认定为工伤吗？

关键词　职工受单位指派外出学习、开会期间

案情　赵某系某公司职工。2010年7月5日，赵某按照公司的要求入住某酒店参加会议，当晚在客房内洗澡时因浴室防滑垫失效而滑倒，次日被送往医院诊治。诊断结论为：右膝内侧半月板损伤，右侧胫骨平台骨折，右膝内侧副韧带撕脱，右股骨内踝骨软骨损

伤。事后，赵某认为其所受伤害系工作原因，故向当地社会保险行政部门提出工伤认定申请。社会保险行政部门认定赵某为工伤。公司不服，向法院提起诉讼。

【裁判】

法院认为，依据《工伤保险条例》第十四条第(五)项规定，职工因工外出期间，由于工作原因受到伤害或者发生事故下落不明的，应认定为工伤。赵某按照公司的要求入住酒店参加会议，属于因工外出期间。赵某在公司安排的房间内洗澡摔伤，属于在用人单位组织或安排的与工作有关的活动中受到事故伤害，可以视为由于工作原因受伤。最高人民法院行政审判庭于2007年9月7日作出的《关于职工外出学习休息期间受到他人伤害应否认定为工伤问题的答复》[(2007)行他字第9号]中明确指出："职工受单位指派外出学习期间，在学习单位安排的休息场所休息时受到他人伤害的，应当认定为工伤。"该问题与本案职工受单位指派外出开会的性质是相同的，故可以适用。

法院经审理维持了工伤认定决定。

36. 长期驻外职工发生交通事故，能认定为工伤吗？

 长期驻外不能适用因工外出

【案情】

王某系某机械公司前往临沂招聘的焊工，自2016年年初入职开始，在某机械公司学习产品焊接。2016年6月初，单位安排王某返回临沂某工程机械公司(关联企业)工作。6月27日晚，王某从公司宿舍外出去网吧上网，骑摩托车返回时，在公司门外发生交通事故当场死亡。2016年7月5日，王某的亲属向当地社会保险行政部门提出工伤认定申请，认为王某经单位安排到临沂工作，是长期因工外出，其间发生的所有事故均应算作工伤。社会保险行政部门受理后，向公司送达了举证通知书。该公司反馈称，王某发生交通事故并非在上下班途中，不应认定为工伤。社会保险行政部门对王某亲属提供的两名证人及王某的两名同事分别做了询问笔录，确认事发经过后，决定不予认定为工伤。王某的亲属不服，向法院提起诉讼。

裁判

本案争议的焦点是，长期驻外职工能否视作因工外出。

社会保险行政部门认为，根据《人力资源社会保障部关于执行〈工伤保险条例〉若干问题的意见(二)》第五条规定，职工因工作原因驻外，有固定的住所、有明确的作息时间，工伤认定时按照在驻在地当地正常工作的情形处理。

本案中，王某因工作原因驻外，有固定的住所、有明确的作息时间，工伤认定时应按照在驻在地当地正常工作的情形处理，不应视为因工外出。王某从公司宿舍外出上网后骑摩托车返回时发生交通事故并非在上下班途中，不应认定为工伤。

法院经审理维持了不予认定工伤的决定。

37. 送水工送水途中发生负主要责任的交通事故，能认定为工伤吗？

关键词 因工外出期间、主要责任交通事故

案情

朱某为某纯净水经销部的一名职工。2016年3月底的一天，该经销部安排朱某驾驶一辆电动三轮车为某小区客户送桶装纯净水。途中，朱某为赶时间，在超车时不慎与一辆轿车追尾，朱某受伤。交警部门认定朱某负事故主要责任。朱某伤愈后要求经销部给予工伤赔偿，经销部负责人却以朱某在交通事故中负主要责

任为由拒绝。朱某向当地社会保险行政部门提出工伤认定申请。社会保险行政部门经调查后认定朱某为工伤。

裁判

本案中朱某发生交通事故的时间和地点，并不是《工伤保险条例》规定的上下班途中。朱某是被经销部负责人安排外出送水，因此其属于因工外出期间，在履行工作职责中遭遇交通事故。

依据《最高人民法院关于审理工伤保险行政案件若干问题的规定》（法释〔2014〕9号）第五条规定，职工受用人单位指派或者因工作需要在工作场所以外从事与工作职责有关的活动期间，应认定为"因工外出期间"。据此可以认为，"因工外出期间"发生在工作场所和工作岗位之外，是用人单位为了工作指派职工或者职工因工作需要，在工作场所或工作岗位以外从事与工作有关的活动期间；"由于工作原因受到伤害"是指由于工作原因直接或间接造成的，包括事故伤害、暴力伤害和其他形式的伤害，这其中包括外出途中产生的伤害，因住宿、餐饮等场所存在的不安全因素产生的伤害等。因此，"工作原因"是一个范围很广的概念。只要不属于职工从事与工作或者受用人单位指派外出学习、开会无关的个人活动受到伤害的，原则上应当认定为工伤。此外，朱某在因工外出期间发生交通事故受伤，已排除当时他本人存在醉酒、吸毒、故意犯罪或者自杀、自残等行为，故社会保险行政部门认定朱某为工伤。

38. 出差期间私自驾车游玩发生交通事故受伤，不属于工伤

关键词 因工外出期间从事与工作无关的个人活动

案情

一日，梁某驾车随公司领导李某到外地出差。到达客户处后，李某让梁某将车开到一家宾馆休息一会儿，下午6时再去接他。由于中间等候时间长达七八个小时，梁某便未经李某同意将车开到市区游玩，不料途中与一辆大客车发生碰撞，导致其全身多处骨折。事后，梁某向当地社会保险行政部门申请工伤认定，被认定为不属于工伤。梁某不服，向法院提起诉讼。

裁判

梁某认为，自己在因工外出期间受到交通事故伤害，应该认定为工伤。

社会保险行政部门认为，《工伤保险条例》第十四条第(五)项规定，职工因工外出期间，由于工作原因受到伤害或者发生事故下落不明的，应当认定为工伤。《最高人民法院关于审理工伤

保险行政案件若干问题的规定》（法释〔2014〕9号）第五条第二款规定，职工因工外出期间从事与工作或者受用人单位指派外出学习、开会无关的个人活动受到伤害，社会保险行政部门不认定为工伤的，人民法院应予支持。本案中，根据公司安排，梁某出差期间的工作职责是接送公司领导。案发时，梁某没有按照领导的指示开车回宾馆，而是私自开车去了别处，且目的是游玩，与工作内容无关。因此，梁某虽然是在因工外出期间受伤，但却不是因为工作原因，不应认定为工伤。

法院经审理维持了不予认定工伤的决定。

上下班途中典型案例

要点释义

《工伤保险条例》第十四条第（六）项规定，职工在上下班途中，受到非本人主要责任的交通事故或者城市轨道交通、客运轮渡、火车事故伤害的，应当认定为工伤。

◆ "上下班途中"，包括以上下班为目的、合理的上下班时间和合理的上下班路途三个要素。合理的上下班时间，包括职工按正常工作时间以及职工加班加点时间往返于工作单位和居住地之间的合理时间。合理的上下班路途，包括：①往返于工作地与住所地、经常居住地、单位宿舍的合理路线的上下班途中；②在合理时间内往返于工作地与配偶、父母、子女居住地的合理路线的上下班途中；③从事属于日常工作生活所需要的活动，且在合理时间和合理路线的上下班途中；④在合理时间内其他合理路线的上下班途中。

◆ "交通事故或者城市轨道交通、客运轮渡、火车事故伤害"，其中，"交通事故伤害"既可以是职工驾驶或乘坐的车辆发生事故造成伤害，也可以是职工因其他车辆事故造成伤害；"非本人主要责任"包括同等责任、次要责任、无责任三种责任类型。

需注意的是，职工若在上下班途中发生的交通事故中承担全部责任或主要责任，不能认定为工伤。

延伸阅读

● 《人力资源社会保障部关于执行〈工伤保险条例〉若干问题的意见（二）》（人社部发〔2016〕29号）

六、职工以上下班为目的、在合理时间内往返于工作单位和居住地之间的合理路线，视为上下班途中。

● **《最高人民法院关于审理工伤保险行政案件若干问题的规定》（法释〔2014〕9号）**

第一条　人民法院审理工伤认定行政案件，在认定是否存在《工伤保险条例》第十四条第（六）项"本人主要责任"、第十六条第（二）项"醉酒或者吸毒"和第十六条第（三）项"自残或者自杀"等情形时，应当以有权机构出具的事故责任认定书、结论性意见和人民法院生效裁判等法律文书为依据，但有相反证据足以推翻事故责任认定书和结论性意见的除外。

前述法律文书不存在或者内容不明确，社会保险行政部门就前款事实作出认定的，人民法院应当结合其提供的相关证据依法进行审查。

第六条　对社会保险行政部门认定下列情形为"上下班途中"的，人民法院应予支持：

（一）在合理时间内往返于工作地与住所地、经常居住地、单位宿舍的合理路线的上下班途中；

（二）在合理时间内往返于工作地与配偶、父母、子女居住地的合理路线的上下班途中；

（三）从事属于日常工作生活所需要的活动，且在合理时间和合理路线的上下班途中；

（四）在合理时间内其他合理路线的上下班途中。

● **《关于实施〈工伤保险条例〉若干问题的意见》（劳社部函〔2004〕256号）**

二、条例第十四条规定"上下班途中，受到机动车事故伤害的，应当认定为工伤"。这里"上下班途中"既包括职工正常工作的上下班途中，也包括职工加班加点的上下班途中。"受到机动车事故伤害的"既可以是职工驾驶或乘坐的机动车发生事故造成的，也可以是职工因其他机动车事故造成的。

● **《关于工伤保险有关规定处理意见的函》（人社厅函〔2011〕339号）**

关于新《工伤保险条例》第十四条第（六）项的规定如何理解和适用问题，经征得国务院法制办和最高人民法院同意，并商公安部、交通运输部、铁道部，提出如下处理意见，请遵照执行：

一、该条规定的"上下班途中"是指合理的上下班时间和合理的上下班路途。

二、该条规定的"非本人主要责任"事故包括非本人主要责任的交通事故和非本人主要责任的城市轨道交通、客运轮渡和火车事故。其中，"交通事故"是指《道路交通安全法》第一百一十九条规定的车辆在道路上因过错或者意外造成的人身伤亡或者财产损失事件。"车辆"是指机动车和非机动车；"道路"是指公路、城市道路和虽在单位管辖范围但允许社会机动车通行的地方，包括广场、公共停车场等用于公众通行的场所。

三、"非本人主要责任"事故认定应以公安机关交通管理、交通运输、铁道等部门或司法机关，以及法律、行政法规授权组织出具的相关法律文书为依据。

典型案例

39. 下班后又返回公司加班途中被撞身亡，能认定为工伤吗？

关键词 加班途中

案情 何某系某塑料公司职工。2013年12月7日，何某正常下班后回到家中，又接到公司电话要求其回公司加班。何某在返回公司的途中遭遇交通事故，经抢救无效死亡。交警部门作出的交通事故认定书中认定何某无事故责任。事后,当地社会保险行政部门认定何某为工伤。公司不服,向法院提起诉讼。

> **裁判**

公司认为,事故发生时,何某已经下班,在返回公司加班路上发生交通事故已不属于"上下班途中",不应认定为工伤。

社会保险行政部门认为,何某下班后回到家中,是在被公司要求返回单位加班的途中遭遇交通事故,应仍属于"上下班途中";何某在此次事故中无责任;公司并没有提供相关证据证明何某不是在上下班途中受伤。所以,何某符合依法被认定为工伤的条件。

法院经审理维持了工伤认定决定。

40. 下班后返回父母居住地途中发生交通事故,能认定为工伤吗?

> **关键词**　往返于工作地与父母居住地

> **案情**

王某某系某食品公司的员工。2017年6月20日,王某某下班后从公司骑摩托车直接回父母居住地,途中发生非本人主要责任的交通事故。王某某受伤,被诊断为:胸部外伤,多发性肋骨骨折,腹部外伤,臀部外伤。2017年7月18日,公司为王某某向当地社会保险行政部门提出工伤认定申请。社会保险行政部门受理,根据劳动合同、上下班考勤打卡记录、王某某父母的家庭住址证明、同事证言等证据，确定事发经过后，依据《工伤保险条例》第十四条第（六）项规定，认定王某某为工伤。

裁判 依据《最高人民法院关于审理工伤保险行政案件若干问题的规定》（法释〔2014〕9号）第六条第（二）项规定："对社会保险行政部门认定下列情形为'上下班途中'的，人民法院应予支持：……（二）在合理时间内往返于工作地与配偶、父母、子女居住地的合理路线的上下班途中；……"本案中，王某某打卡下班后前往其父母的居住地，途中发生非本人主要责任的交通事故受伤，此次交通事故的时间属于下班的合理时间范围内，地点亦位于公司至其父母居住地的合理路线范围内，应认定为工伤。

41. 职工下班后去女朋友的出租房途中发生交通事故，能认定为工伤吗？

关键词 不属于往返于工作地与经常居住地、配偶居住地

案情 张某某系一家人力资源服务公司职工，被派遣到某银业股份有限公司工作。银业股份有限公司安排张某某住职工宿舍。张某某的女朋友租住在该市某镇谢某某的房屋中。2014年9月27日16时许，张某某下班后驾驶摩托车去女朋友的出租房，途中发生交通事故当场死亡。交警部门认定张某某承担事故的次要责任。公司向当地社会保险行政部门提出工伤认定申请。社会保险行政部门作出不予认定工伤的决定。张某某的亲属不服，向法院提起诉讼。

> **裁判**

法院认为，《工伤保险条例》第十四条第（六）项规定，职工在上下班途中，受到非本人主要责任的交通事故或者城市轨道交通、客运轮渡、火车事故伤害的，应当认定为工伤；《最高人民法院关于审理工伤保险行政案件若干问题的规定》（法释〔2014〕9号）第六条规定，"对社会保险行政部门认定下列情形为'上下班途中'的，人民法院应予支持：（一）在合理时间内往返于工作地与住所地、经常居住地、单位宿舍的合理路线的上下班途中；（二）在合理时间内往返于工作地与配偶、父母、子女居住地的合理路线的上下班途中……"本案中，张某某的女朋友租住谢某某的房屋，并非是张某某本人租住地，且"女朋友"并非法律意义上的配偶，故"女朋友"租住的房屋不能作为张某某的经常居住地。因此，张某某亲属诉称张某某女朋友租住地为张某某的经常居住地，其下班回女朋友租住地途中受到非本人主要责任的交通事故伤害应认定为工伤的主要证据不足，且不符合法律规定，不应认定为工伤。

法院经审理维持了不予认定工伤的决定。

42. 下班顺路接孩子回家，发生交通事故，能认定为工伤吗？

> **关键词**　从事日常生活所需要的活动

> **案情**

张某系某餐饮管理公司主管。2017年10月22日，张某下班后骑电动车准备顺路接小孩回家，途中被一辆小轿车撞倒受伤。张某被诊断为：胸部外伤，肋骨骨折，肺挫裂伤。交警部门认定张某在事故中无责任。2017年11月22日，公司为张某向当地社会保险行政部门提出工伤认定申请。社会保险行政部门受理，根据同事证言、职工上下班考勤记录、交通事故认定书、居住证明、路线图等证据,确定事发经过后,依据《工伤保险条例》第十四条第(六)项规定,认定张某为工伤。

裁判 《工伤保险条例》第十四条第(六)项规定中的"上下班途中",该路径不能简单机械地将工作地至居住地的最近或者最佳路径作为唯一路径,还需要考虑职工因日常生活所需进行的合理绕道。在司法实践中,各地对于上下班途中合理路线上的买菜、接送小孩等情形都能够达成共识,认为属于从事日常生活所需要的活动,对于路线是否属于合理范围还要根据具体的案件来进行判断。就本案而言,张某小孩就读的学校距离其工作地不超过1千米,同时学校方向与其回家方向一致,不存在不合理的绕道行为,故视为上下班途中,结合其他条件,应认定张某为工伤。

43. 下班后去医院护理病危岳母途中发生交通事故受伤,能认定为工伤吗?

关键词 从事日常工作生活所需要的活动

案情 刘某某系某石化公司职工。2016年1月20日早8时10分左右,刘某某下早班后从单位去医院护理病危的岳母,途中被货车撞伤。交警部门认定刘某某在事故中无责任。2016年3月18日，刘某某的妻子向当地社会保险行政部门提出工伤认定申请。社会保险行政部门认定刘某某为工伤。公司不服，向法院提起诉讼。

裁判

公司认为，刘某某下班后前往医院不属于从事日常工作生活所需的活动，不是以最终回到居住地为目的，不是合理路线的上下班途中，应不予认定为工伤。

法院认为，依据《最高人民法院关于审理工伤保险行政案件若干问题的规定》(法释〔2014〕9号)第六条规定："对社会保险行政部门认定下列情形为'上下班途中'的，人民法院应予支持：（一）在合理时间内往返工作地与住所地、经常居住地、单位宿舍的合理路线的上下班途中；（二）在合理时间内往返工作地与配偶、父母、子女居住地的合理路线的上下班途中；（三）从事属于日常工作生活所需要的活动，且在合理时间和合理路线的上下班途中；（四）在合理时间内其他合理路线的上下班途中。"本案中，刘某某早上8时下班，在8时10分即发生交通事故，属于在合理时间内。刘某某下班后从单位直接到医院护理病危的岳母，且其岳母于当日去世，属于突发事件，是从事日常生活所需要的活动，亦符合人之常理，应当认定为合理路线。因此，刘某某所受伤害应认定为在上下班途中发生交通事故所致，应予认定为工伤。

法院经审理维持了工伤认定决定。

44. 上班途中骑电动车自行摔伤，能认定为工伤吗？

 全责交通事故

【案情】

位某系某信息技术公司的保安。2017 年 1 月 19 日，位某在骑电动车上班途中行驶至公司附近时不慎摔伤，被诊断为：头面部外伤、牙外伤。位某负事故的全部责任。2017 年 3 月 10 日，公司为位某向当地社会保险行政部门提出工伤认定申请。社会保险行政部门受理后，经调查作出了不予认定工伤的决定。

【裁判】

《工伤保险条例》第十四条第（六）项规定，职工在上下班途中，受到非本人主要责任的交通事故或者城市轨道交通、客运轮渡、火车事故伤害的，应当认定为工伤。据此，职工在上下班途中受到伤害的，认定为工伤需要具备三个条件：一是职工正处于上下班途中，这里的"上下班途中"要求时间合理、路线合理、出发点和目的地合理；二是伤害是由于交通事故或者城市轨道交通、客运轮渡、火车事故造成，必须是与交通工具有关的过失或意外导致；三是职工不承担主要责任，即交通事故认定书载明：职工在此次事故中的责任小于等于 50%。本案中位某发生单方全责交通事故，不能认定为工伤。

45. 上班途中地铁站内被踩踏受伤，能认定为工伤吗？

> **关键词**　非城市轨道交通事故

【案情】

俞某在一家广告公司工作，每天乘坐地铁上下班。一日早晨8时30分许，俞某乘地铁上班，在行驶至某站时，一名乘客突然晕倒引发人群骚动。俞某在慌乱中不小心被踩踏受伤，导致其肋骨、锁骨等多处骨折。事后，俞某向当地社会保险行政部门申请工伤认定。社会保险行政部门作出不予认定工伤的决定。俞某不服，向法院提起诉讼。

【裁判】

俞某认为，事故发生时，自己正在上班途中，在乘坐交通工具时遭受意外受伤，应当认定为工伤。

社会保险行政部门认为，《工伤保险条例》第十四条第（六）项规定，职工在上下班途中，受到非本人主要责任的交通事故或者城市轨道交通、客运轮渡、火车事故伤害的，应当认定为工伤。交通事故是指车辆在道路上因过错或者意外造成的人身伤害或财产损失事件。若是轨道交通，那么应该是列车在轨道上导致俞某受伤才符合条例规定的情形。俞某发生意外受伤时，虽然正处于上班途中，但在地铁站内发生的踩踏事故不属于城市轨道交通事故，因此俞某不应被认定为工伤。

法院经审理维持了不予认定工伤的决定。

46. 乘车上班途中突发疾病死亡，能认定为工伤吗？

关键词 非受到交通事故伤害

案情

井某是某采油厂职工，工作职责是协调处理采油厂与当地群众之间的关系，保障采油厂正常的生产秩序。

一日，井某在乘车从家中返回作业区途中突发疾病死亡。井某的亲属向当地社会保险行政部门提出工伤认定申请。社会保险行政部门作出不予认定工伤的决定。井某的亲属不服，向法院提起诉讼。

裁判

井某的亲属认为，井某的工作区域和生活区域相距约 400 千米，采油厂将职工往返日计入考勤作为上班时间，乘车行为是在执行返回作业区的工作任务，应当属于《工伤保险条例》第十五条第一款第（一）项规定的"工作时间和工作岗位突发疾病死亡"情形。

本案经历了一审、二审，到最高人民法院再审。最高人民法院再审认为，本案中双方争议较大的是关于乘车途中是否等同于在工作岗位的问题。《工伤保险条例》第十五条规定的"视同工伤"的三种情形，是对第十四条"应当认定工伤情形"的补充规定，视同工伤不要求必须是工作原因导致的伤害，而是基于社会公共利益或者公平正义的原则，对职工的一种倾斜性保护，给予职工以工伤保险待遇，对视同工伤应当严格按照法律规定执行。对因突发疾病死亡视为工伤的认定，必须同时具备工作时间、工作岗位和在48小时之内抢救无效死亡三个条件，缺一不可。其中，"工作岗位"通常理解为职工日常履行工作职责所在的岗位或受本单位领导指派其从事工作的岗位，应从立法本意出发，按照普通人的一般理解进行判断，而不宜再作延伸、扩充解释。

本案中，井某生前的工作职责是协调处理采油厂与当地群众之间的关系，保障采油厂正常的生产秩序。其工作岗位应在作业区内或者当地相关工作区域内。在岗的前提是到岗，井某在事发日既未到达采油厂岗位，也未到达其负责外联工作的区域之内。因此，井某不属于在工作岗位上突发疾病死亡，不符合《工伤保险条例》第十五条第一款第（一）项规定的情形；井某因在上班途中突发疾病死亡，而非受到"非本人主要责任的交通事故或者城市轨道交通、客运轮渡、火车事故伤害"，故井某的死亡不符合《工伤保险条例》第十四条、第十五条的规定，不予认定工伤。

第二章

视同工伤情形典型案例

《工伤保险条例》

第十五条 职工有下列情形之一的，视同工伤：

（一）在工作时间和工作岗位，突发疾病死亡或者在48小时之内经抢救无效死亡的；

（二）在抢险救灾等维护国家利益、公共利益活动中受到伤害的；

（三）职工原在军队服役，因战、因公负伤致残，已取得革命伤残军人证，到用人单位后旧伤复发的。

职工有前款第（一）项、第（二）项情形的，按照本条例的有关规定享受工伤保险待遇；职工有前款第（三）项情形的，按照本条例的有关规定享受除一次性伤残补助金以外的工伤保险待遇。

突发疾病死亡典型案例

要点释义

《工伤保险条例》第十五条第一款第（一）项规定，职工在工作时间和工作岗位突发疾病死亡或者在48小时之内经抢救无效死亡的，视同工伤。

◆ "工作时间"，是指劳动合同约定的工作时间或者用人单位规定的工作时间、加班加点的工作时间，以及在工作时间前后所做的预备性或收尾性工作所占据的时间。

◆ "工作岗位"，是指职工日常所在的工作岗位和本单位领导指派所从事工作的岗位。

◆ "突发疾病"，包括各类疾病。

◆ "48小时"的起算时间，以医疗机构的初次诊断时间作为突发疾病的起算时间。

延伸阅读

●《关于实施〈工伤保险条例〉若干问题的意见》（劳社部函〔2004〕256号）

三、条例第十五条规定"职工在工作时间和工作岗位，突发疾病死亡或者在48小时之内经抢救无效死亡的，视同工伤"。这里"突发疾病"包括各类疾病。"48小时"的起算时间，以医疗机构的初次诊断时间作为突发疾病的起算时间。

典型案例

47. 上班前换工作服时突发疾病死亡，能视同为工伤吗？

关键词 从事与工作有关的预备性工作突发疾病

案情

2007年4月5日5时许，某水泥有限公司粉碎车间职工张某到公司上班，该车间上班时间为6时。5时50分左右，张某在车间更衣室换工作服准备上岗时，突发疾病昏倒在地，经抢救无效死亡，死亡原因经诊断为脑出血、脑疝。当地社会保险行政部门认为，张某是在工作时间和工作岗位突发疾病在48小时内经抢救无效死亡，遂作出张某视同工伤的决定。公司不服，向法院提起诉讼。

裁判

案件的争议焦点在于该职工发病是否属于"在工作时间和工作岗位"。

法院认为，张某所在岗位每天6时上班，张某换工作服是为上岗工作而做准备，属于从事与工作有关的预备性工作，换衣服准备上岗的时间应视为工作时间。平时上岗前的更衣场所应视同"工作岗位"范围，不能狭隘地将"工作岗位"理解为正在工作的岗位。

法院经审理维持了工伤认定决定。

48. 抄表工途经超市买水时突发疾病死亡，能视同为工伤吗？

关键词 工作时间、工作岗位突发疾病

案情

王某是某自来水公司抄表工。2017年7月16日15时10分，城区某用户向自来水公司反映小区水压较低，自来水公司派抄表工王某到小区查看。15时40分，王某在去小区查看水压途中的一家超市内买水时突发疾病，经医院抢救无效后于当日16时48分死亡。当地社会保险行政部门认定王某为视同工伤。

裁判

本案中，王某是自来水公司的抄表工，负责查看水压，因工作需要需来往于单位和多个与其职责相关的工作场所（城区各用水客户处）。王某是在工作时间因工作需要从单位到其工作区查看水压，途经的合理区域应视为其工作岗位的延伸，且王某外出当日天气炎热，购买矿泉水也符合其生理需求，故王某突发疾病死亡符合《工伤保险条例》第十五条第一款第（一）项视同工伤的规定。

49. 在单位组织体检时猝死，能视同为工伤吗？

关键词 参加用人单位组织的活动突发疾病

案情

周某是某公司人力资源部职工，在该公司组织的一次单位体检中，周某因身体极度不适而晕倒，送医后当天便不治身亡。周某的亲属要求公司为其申请工伤认定，被公司拒绝。周某的亲属自行向当地社会保险行政部门提出工伤认定申请。最终，周某被社会保险行政部门认定为视同工伤。公司不服，向法院提起诉讼。

裁判

公司认为，周某并非在工作时间、工作岗位上受伤或突发疾病死亡，不应被认定为视同工伤。

法院认为，依据《工伤保险条例》第十五条第一款第（一）项规定，职工在工作时间和工作岗位，突发疾病死亡或者在48小时之内经抢救无效死亡的，视同工伤。依据《最高人民法院关于审理工伤保险行政案件若干问题的规定》（法释〔2014〕9号）第四条规定，职工参加用人单位组织或者受用人单位指派参加其他单位组织的活动受到伤害，被社会保险行政部门认定为工伤的，人民法院应予支持。

本案中，周某发病时虽不处于狭义的工作时间和工作岗位上，但是在单位组织的体检的规定时间、规定地点突发疾病，属于参加用人单位组织的活动时受到伤害，应视同为在工作时间、工作岗位突发疾病，且在 48 小时之内经抢救无效死亡，社会保险行政部门依据《工伤保险条例》第十五条第一款第（一）项规定认定周某为视同工伤，并无不当。

法院经审理维持了工伤认定决定。

50. 患肺癌职工上班期间突发疾病死亡，能视同为工伤吗？

关键词 ➤ *"突发疾病"包括各类疾病*

案情 蔡某系某公司职工。2014 年 5 月的一天，蔡某在上班期间突然口吐鲜血、昏倒在地，后经抢救无效于当日死亡。医院诊断其为猝死、大咳血、肺癌。事后，蔡某的亲属向当地社会保险行政部门提出工伤认定申请。社会保险行政部门经调查核实后，依据《工伤保险条例》第十五条第一款第（一）项规定认定蔡某为视同工伤。公司不服，向法院提起诉讼。

裁判 公司认为，蔡某在入职之前已患有肺癌，在上班期间突然口吐鲜血、昏倒在地，是肺癌发作，不属于《工伤保险条例》规定的"突发疾病"。

社会保险行政部门认为，《工伤保险条例》第十五条第一款第（一）项规定，职工在工作时间和工作岗位，突发疾病死亡或者在 48 小时之内经抢救无效死亡的，应视同工伤。《关于实施〈工伤保险条例〉若干问题的意见》（劳社部函〔2004〕256 号）第三条明确规定，《工伤保险条例》第十五条第一款第（一）项规定的"突发疾病"包括各类疾病。可见，法律并未作任何排他性规定。因此,本案中蔡某在工作时间和工作岗位突然口吐鲜血、昏倒在地,经紧急送往医院抢救无效于当日死亡的情形,符合《工伤保险条例》规定的"突发疾病"的范畴。

法院经审理维持了工伤认定决定。

51. 出差期间猝死酒店,能视同为工伤吗?

关键词 "因工外出期间"属于"工作时间"的一种特殊情形

案情

朱某系某外国语学校总务处职员。2018年2月1日,朱某经单位安排,在某酒店参加会议期间,在房间突发疾病,经抢救无效于当日死亡,被诊断为心源性猝死。2018年2月11日,学校为朱某向当地社会保险行政部门提出工伤认定申请。社会保险行政部门受理后,根据会议邀请函及回复函、居民死亡医学证明书、公安分局刑警大队出具的死亡证明等证据,并对会议邀请方经理王某及学校校长邵某进行询问,确定事发经过后,依据《工伤保险条例》第十五条第一款第(一)项,认定朱某为视同工伤。

裁判 《最高人民法院关于审理工伤保险行政案件若干问题的规定》(法释〔2014〕9号)明确了"因工外出期间"属于"工作时间"的一种特殊情形,并在第五条第一款中列举了三种情形:

（一）职工受用人单位指派或者因工作需要在工作场所以外从事与工作职责有关的活动期间；（二）职工受用人单位指派外出学习或者开会期间；（三）职工因工作需要的其他外出活动期间。由此可见，朱某死亡时属于因工外出期间，除非能够证明其所进行的活动属于"与工作或者受用人单位指派外出学习、开会无关的个人活动"，否则应视同为工伤。

52. 在单位宿舍住宿时突发疾病死亡，不能视同为工伤

关键词　单位提供给职工休息的宿舍不是工作岗位

案情

某企业为方便下夜班和家距单位较远的职工休息，在单位旁安排了临时宿舍。2015年4月的一天，该企业车工张某在单位宿舍住宿，准备第二天上班。晚上19时左右，张某在其他职工宿舍与人聊天时身感不适，回本人宿舍休息。22时张某感到心脏特别难受，由同事陪同去医院救治，于第二天早上9时不治身亡。张某的亲属向当地社会保险行政部门提出工伤认定申请。社会保险行政部门对张某死亡原因进行了调查核实，认为张某死亡不适用《工伤保险条例》第十五条第一款第（一）项规定，作出不予认定工伤的决定。张某的亲属不服，向法院提起诉讼。

裁判

本案争议的焦点是：张某住宿所在的单位宿舍是否视为工作岗位，在宿舍休息的时间是否视为工作时间。

张某的亲属认为，张某是在单位安排的宿舍休息时死亡的，宿舍是单位提供的，单位的宿舍既是工作场所，也是工作岗位。在宿舍休息是为第二天工作做准备，因此在宿舍休息的时间也是工作时间。

社会保险行政部门认为，工作岗位是从事某项具体劳动的地点，张某从事操作车床的具体操作地点是机床所在的地点及与操作有关的活动范围。宿舍是单位提供给职工临时休息的场所，是单位提供的福利。宿舍作为休息场所与工作岗位在性质与用途上存在明显不同（单位对张某在宿舍并未另有特别工作安排），因此，单位宿舍不是工作岗位，张某在宿舍的休息时间也不是工作时间，张某死亡的情形不适用《工伤保险条例》第十五条第一款第（一）项视同工伤的规定。

法院经审理维持了不予认定工伤的决定。

53. 正常下班后在家中猝死，不能视同为工伤

关键词 离开单位回到家中

案情

邢某某系某股份有限公司精加工技师。2018年5月15日凌晨，邢某某下夜班后正常回家。当天早晨7时30分，邢某某起床前，突发全身抽搐、意识丧失，经医院抢救无效死亡，被诊断为心源性猝死。

2018年6月11日，邢某某的亲属向当地社会保险行政部门

提出工伤认定申请。社会保险行政部门受理后，向公司送达了举证通知书，公司在法定时限内未提供书面反馈。社会保险行政部门根据急诊病历、居民死亡医学证明书、公司考勤记录、同事证明等证据，确定事发经过后，作出了不予认定工伤的决定。

裁判　　第一，本案中邢某某发病时已离开单位回到家中，属于正常睡眠时间，并不是工作中的短暂休息，所以不符合工作时间的要素。第二，家是职工上班前、下班后的休息及自由活动的场所，并非工作场所，也不符合工作场所的要素。综上，邢某某的猝死不符合《工伤保险条例》第十五条第一款第（一）项视同工伤的规定。

第2节

抢险救灾等维护国家利益、公共利益典型案例

要点释义

《工伤保险条例》第十五条第一款第（二）项规定，职工在抢险救灾等维护国家利益、公共利益活动中受到伤害的，视同工伤。

◆ "维护国家利益"，是指为了减少或者避免国家利益遭受损失，职工挺身而出。

◆ "维护公共利益"，是指为了减少或者避免公共利益遭受损失，职工挺身而出。

◆ "抢险救灾"，是指当天灾人祸来临时，国家动用一切力量去解救、转移或者疏散受困人员，抢救、运送重要物资，保护重要目标安全，开展灾后重建等工作。

◆ "见义勇为"，是指公民在法定职责、法定义务之外，为保护国家利益、社会公共利益和他人的人身、财产安全挺身而出的行为。

需要注意的是，职工参与抢险救灾等维护国家利益、公共利益活动的行为，虽然可能与本职工作没有直接的关系，但这种行为应该得到国家和社会的提倡与保护，职工由此受到的伤害应该得到相应的补偿。在这些情形下，工伤认定不受工作时间、工作场所、工作原因等条件的限制。

典型案例

54. 职工扑救邻厂失火受伤，能视同为工伤吗？

关键词 抢险救灾

案情

一日，正在上班的马某听到与公司一墙之隔的塑料厂车间传来爆炸声，看到火光冲天。为了防止大火蔓延，马某搬来梯子翻墙参与救火。几分钟后，马某提水爬上围墙，不慎从2米高的围墙上摔下，随即被送往医院治疗。经医生诊断，马某被确诊为胫骨平台粉碎性骨折。事后，马某向当地社会保险行政部门申请工伤认定，被认定为视同工伤。公司不服，向法院提起诉讼。

裁判

公司认为，马某见义勇为，值得表扬，但是他救的是邻厂的火，属于个人行为，与公司无关，不应认定为视同工伤。

社会保险行政部门认为，依据《工伤保险条例》第十五条第一款第（二）项规定，在抢险救灾等维护国家利益、公共利益中受到伤害的，视同工伤。本案中，马某虽然救的是邻厂的火，但是他是在抢险救灾等维护国家利益、公共利益活动中受到伤害的，应当认定为视同工伤。

法院经审理维持了工伤认定决定。

55. 休假期间因抢险救灾受伤，能视同为工伤吗？

关键词　抢险救灾

案情

一日，街上一辆公交车突然发生自燃。正在休假外出的刘某路过看到后，急忙从自驾车的后备箱中拿出灭火器，协助公交车司机和过往群众一起参加扑救。由于火势较大，公交车被烧毁，但所幸乘客全部逃生。在救火过程中，刘某的手臂被严重烧伤，经医院治疗康复以后，他被当地社会保险行政部门认定为视同工伤。刘某所在单位不服，向法院提起诉讼。

裁判

单位认为，事发时，刘某正在休假，不是在工作时间、工作地点受的伤，不应认定为视同工伤。

社会保险行政部门认为，依据《工伤保险条例》第十五条第一款第（二）项规定，职工在抢险救灾等维护国家利益、公共利益活动中受到伤害的，视同工伤。本案中，刘某虽然是在休假期间受伤的，但其帮助扑救公交车起火，属于维护社会公共利益的行为。职工在抢险救灾等维护国家利益、公共利益活动中受到伤害的，其工伤认定不受工作时间、工作场所等条件的限制。因此，刘某应该被认定为视同工伤。

法院经审理维持了工伤认定决定。

56. 保安因见义勇为受伤，能视同为工伤吗？

关键词 见义勇为属于维护社会公共利益的行为

案情

罗某系某物业公司保安。2011年12月24日，罗某在该物业公司服务的某小区上班（24小时值班）。8时30分左右，小区附近有人对一过往行人实施抢劫，罗某听到呼喊声后立即拦住抢劫者的去路，要求其交出抢劫的物品。在与抢劫者搏斗的过程中，罗某不慎从台阶上跌下受伤。当地社会管理综合治理委员会作出了表彰罗某见义勇为行为的通报。罗某向当地社会保险行政部门提出工伤认定申请，并被认定为视同工伤。公司不服，向法院提起诉讼。

裁判

法院认为，依据《工伤保险条例》第十五条第一款第（二）项规定，职工在抢险救灾等维护国家利益、公共利益活动中受到伤害的，视同工伤。据此，虽然罗某不是在工作场所、因工作原因受到伤害，但其是在维护国家利益、公共利益活动中受到伤害的，也应当按照工伤处理。公民见义勇为，跟违法犯罪行为作斗争，与抢险救灾一样，同属于维护社会公共利益的行为，应当予以大力提倡和鼓励。因见义勇为、制止违法犯罪行为而受到伤害的，应当适用《工伤保险条例》第十五条第一款第（二）项的规定，视同工伤。本案中，罗某提供了社会管理综合治理委员会的表彰通报，据此认定罗某在见义勇为中受伤，事实清楚，证据充分。罗某不顾个人安危与违法犯罪行为作斗争，既保护了他人的个人财产和生命安全，也维护了社会治安秩序，弘扬了社会正气。法律对于见义勇为，应当予以大力提倡和鼓励。

法院经审理维持了工伤认定决定。

退伍军人旧伤复发典型案例

要点释义

《工伤保险条例》第十五条第一款第（三）项规定，职工原在军队服役，因战、因公负伤致残，已取得革命伤残军人证，到用人单位后旧伤复发的，视同工伤。

◆ "旧伤复发"，应由劳动能力鉴定机构确认。

◆ "革命伤残军人证"（或"残疾军人证"），是用于证明中华人民共和国残疾军人的残疾性质和残疾等级的证件。

需注意的是，职工符合该项情形的，按照《工伤保险条例》的有关规定享受除一次性伤残补助金以外的工伤保险待遇。

延伸阅读

● 《军人抚恤优待条例》

第二十四条 因战、因公、因病致残性质的认定和残疾等级的评定权限是：

（一）义务兵和初级士官的残疾，由军队军级以上单位卫生部门认定和评定；

（二）现役军官、文职干部和中级以上士官的残疾，由军队军区级以上单位卫生部门认定和评定；

（三）退出现役的军人和移交政府安置的军队离休、退休干部需要认定残疾性质和评定残疾等级的，由省级人民政府民政部门认定和评定。

评定残疾等级，应当依据医疗卫生专家小组出具的残疾等级医学鉴定意见。

残疾军人由认定残疾性质和评定残疾等级的机关发给《中华人民共和国残疾军人证》。

● **《工伤认定办法》（人力资源和社会保障部令第 8 号）**

《工伤认定申请表》填表说明：有下列情形之一的，还应当分别提交相应证据：

……

（7）属于因战、因公负伤致残的转业、复员军人，旧伤复发的，提交《革命伤残军人证》及劳动能力鉴定机构对旧伤复发的确认。

典型案例

57. 退伍军人在单位旧伤复发，能视同为工伤吗？

> 关键词　职工原在军队因公负伤致残，到用人单位后旧伤复发

冯某退伍后成了一名车间工人。一日，他在准备拾起一件重物时，突然感到肩膀疼痛，使不上劲儿，重物掉在地上。其他同事赶忙将冯某送往医院。经医生检查，冯某是左肩胛骨骨折。医生经询问得知，冯某是一名退伍军人，之前在部队执行任务时在同一部位负过伤。事后，冯某到劳动能力鉴定机构进行了旧伤复发的确认。那么，对冯某这次旧伤复发，能认定为工伤吗？

裁判 当地社会保险行政部门经调查核实后认为,依据《工伤保险条例》第十五条第一款第(三)项规定,职工原在军队服役,因战、因公负伤致残,已取得"革命伤残军人证",到用人单位后旧伤复发的,视同工伤。本案中,冯某在军队服役时因公负伤致残,已取得"革命伤残军人证",到用人单位后旧伤复发,事实清楚,证据充分,应该被认定为视同工伤,并按照《工伤保险条例》的有关规定享受除一次性伤残补助金以外的工伤保险待遇。

第三章

不得认定或者视同为工伤情形典型案例

《工伤保险条例》

第十六条 职工符合本条例第十四条、第十五条的规定，但是有下列情形之一的，不得认定为工伤或者视同工伤：

（一）故意犯罪的；

（二）醉酒或者吸毒的；

（三）自残或者自杀的。

要点释义

◆ "故意犯罪",是指明知自己的行为会发生危害社会的结果,并且希望或者放任这种结果发生,因而构成犯罪的。故意犯罪,应当负刑事责任。

◆ "醉酒",酒精具有麻痹神经中枢的作用,导致行为人的判断能力和反应能力迟钝,难以辨认或控制自己的行为。对于醉酒的认定,可参照国家标准《车辆驾驶人员血液、呼气酒精含量阈值与检验》(GB 19522—2010)。该标准规定:驾驶人员血液中的酒精含量大于等于20毫克/100毫升、小于80毫克/100毫升的行为属于饮酒驾车,含量大于等于80毫克/100毫升的行为属于醉酒驾车。

◆ "吸毒"是通俗说法,吸毒行为在医学上多称为药物依赖和药物滥用,是指不以医疗为目的,采取各种方式滥用麻醉药品与精神药品。

◆ "自残",是指通过各种手段和方法伤害自己的身体,并造成伤害结果的行为。

◆ "自杀",是指通过各种手段和方法结束自己生命的行为。

需要注意的是,"故意犯罪"的认定,应当以司法机关的生效法律文书或者结论性意见为依据。"醉酒或者吸毒"的认定,应当以有关机关出具的法律文书或者人民法院的生效裁决为依据。

此外,除《中华人民共和国社会保险法》和《工伤保险条例》规定的排除情形外,以下几种情况不影响认定为工伤或视同工伤:①过失犯罪;②轻微违法、违反治安管理秩序等尚不构成犯罪的情形;③一般的违反安全生产、技术性法规及操作制度、劳动纪律、规章制度等行为。

延伸阅读

● **《实施〈中华人民共和国社会保险法〉若干规定》（人力资源和社会保障部令第 13 号）**

第十条　社会保险法第三十七条第二项中的醉酒标准，按照《车辆驾驶人员血液、呼气酒精含量阈值与检验》（GB 19522—2004）执行*。公安机关交通管理部门、医疗机构等有关单位依法出具的检测结论、诊断证明等材料，可以作为认定醉酒的依据。

● **《人力资源社会保障部关于执行〈工伤保险条例〉若干问题的意见》（人社部发〔2013〕34 号）**

三、《条例》第十六条第（一）项"故意犯罪"的认定，应当以司法机关的生效法律文书或者结论性意见为依据。

四、《条例》第十六条第（二）项"醉酒或者吸毒"的认定，应当以有关机关出具的法律文书或者人民法院的生效裁决为依据。无法获得上述证据的，可以结合相关证据认定。

● **《最高人民法院关于审理工伤保险行政案件若干问题的规定》（法释〔2014〕9 号）**

第一条　人民法院审理工伤认定行政案件，在认定是否存在《工伤保险条例》第十四条第（六）项"本人主要责任"、第十六条第（二）项"醉酒或者吸毒"和第十六条第（三）项"自残或者自杀"等情形时，应当以有权机构出具的事故责任认定书、结论性意见和人民法院生效裁判等法律文书为依据，但有相反证据足以推翻事故责任认定书和结论性意见的除外。

前述法律文书不存在或者内容不明确，社会保险行政部门就前款事实作出认定的，人民法院应当结合其提供的相关证据依法进行审查。

---

* 编者注：《车辆驾驶人员血液、呼气酒精含量阈值与检验》（GB 19522—2004）现已更新为 GB 19522—2010。

《工伤保险条例》第十六条第（一）项"故意犯罪"的认定，应当以刑事侦查机关、检察机关和审判机关的生效法律文书或者结论性意见为依据。

典型案例

58. 醉酒工作时受伤，不能认定为工伤

关键词　醉酒

案情　林某为某单位的职工。一日，他告知单位其右手肘部在工作时不慎摔伤，要求单位向当地社会保险行政部门提出工伤认定申请。后单位向相关人员了解到，林某中午和外地来的同学一起在酒店喝了一小瓶白酒，刚上班办理一笔业务时，不小心摔了一个跟头，将右手肘部摔伤。当日下午，单位便请林某配合到医院治疗，同时抽取其血液检测，发现其酒精含量达到 116 毫克/100 毫升，仍属于醉酒状态。

第二天单位负责人依据酒精检测结果告诉林某，根据《工伤保险条例》规定，他因醉酒而摔伤，不能被认定为工伤。林某有异议，便以本人的名义申请工伤认定，被当地社会保险行政部门作出不予认定工伤的决定。林某不服，向法院提起诉讼。

裁判　《工伤保险条例》第十六条规定："职工符合本条例第十四条、第十五条的规定，但是有下列情形之一的，不得认定为工伤或者视同工伤：（一）故意犯罪的；（二）醉酒或者吸毒的；（三）自残或者自杀的。"

酒精具有麻痹神经中枢的作用，导致行为人的判断能力和反应能力迟钝，难以辨认或控制自己的行为。职工在工作时因醉酒导致行为失控而对自己造成的伤害，按照法律规定不得认定或视同为工伤。这样的规定也是为了控制职工酒后工作，以减少工伤事故的发生。本案中，依据酒精检测结果证明林某上班办公时处于醉酒状态，其意外受伤不得认定为工伤。

法院经审理维持了不予认定工伤的决定。

59. 工人违章操作受伤，能认定为工伤吗？

关键词　违反规章制度

案情　邢某是某金属制品有限公司的一名操作工人。2018年8月13日，邢某在工作中嫌机器出件慢而没有按照规章制度操作，导致右手被机器挤压致伤后住院。出院后，邢某要求公司为其申请工伤认定，遭公司拒绝。邢某认为，自己是在工作中被机器挤压受伤的，自己受到的伤害应当认定为工伤，遂自行向当地社会保险行政部门提出工伤认定申请。社会保险行政部门经过调查核实后依法认定邢某为工伤。公司不服，向法院提起诉讼。

裁判

公司认为，公司有明确的规章制度，严禁违章操作。并且，邢某的违章操作造成机器损坏，给公司带来了很大的经济损失，因此邢某不应被认定为工伤。

社会保险行政部门认为，《工伤保险条例》第十四条规定，职工在工作时间和工作场所内，因工作原因受到事故伤害的，应当认定为工伤。《工伤保险条例》第十六条规定，职工有下列情形之一的，不得认定为工伤或者视同工伤：故意犯罪的；醉酒或者吸毒的；自残或者自杀。本案中，邢某虽然是因为违反公司操作规程受伤，但确是在工作时间、工作场所内因工作原因受伤；同时，邢某也不存在《工伤保险条例》第十六条规定的排除工伤认定的情形，故应当被认定为工伤。

从工伤认定的归责原则看，工伤认定实行的是"无过错责任"原则。即劳动者违反规章制度造成事故，即使自身存在过错，用人单位也不能免责。违章操作只是涉及劳动者是否违反用人单位规章制度和劳动纪律的问题，并不影响劳动者的工伤认定。

法院经审理维持了工伤认定决定。

但应注意的是，工伤保险补偿实行"无过错责任"原则，并不意味着劳动者对安全生产事故的发生免责。依据《中华人民共和国安全生产法》的相关规定，对负有事故责任的单位和个人，不但要受到教育、警告等处理，同时还要赔偿与罚款，重大事故还要追究刑事责任。

第四章

工伤认定程序问题典型案例

《工伤保险条例》

第十七条 职工发生事故伤害或者按照职业病防治法规定被诊断、鉴定为职业病，所在单位应当自事故伤害发生之日或者被诊断、鉴定为职业病之日起30日内，向统筹地区社会保险行政部门提出工伤认定申请。遇有特殊情况，经报社会保险行政部门同意，申请时限可以适当延长。

用人单位未按前款规定提出工伤认定申请的，工伤职工或者其直系亲属、工会组织在事故伤害发生之日或者被诊断、鉴定为职业病之日起1年内，可以直接向用人单位所在地统筹地区社会保险行政部门提出工伤认定申请。

按照本条第一款规定应当由省级社会保险行政部门进行工伤认定的事项，根据属地原则由用人单位所在地的设区的市级社会保险行政部门办理。

用人单位未在本条第一款规定的时限内提交工伤认

定申请，在此期间发生符合本条例规定的工伤待遇等有关费用由该用人单位负担。

第十八条 提出工伤认定申请应当提交下列材料：

（一）工伤认定申请表；

（二）与用人单位存在劳动关系（包括事实劳动关系）的证明材料；

（三）医疗诊断证明或者职业病诊断证明书（或者职业病诊断鉴定书）。

工伤认定申请表应当包括事故发生的时间、地点、原因以及职工伤害程度等基本情况。

工伤认定申请人提供材料不完整的，社会保险行政部门应当一次性书面告知工伤认定申请人需要补正的全部材料。申请人按照书面告知要求补正材料后，社会保险行政部门应当受理。

第十九条 社会保险行政部门受理工伤认定申请后，根据审核需要可以对事故伤害进行调查核实，用人单位、职工、工会组织、医疗机构以及有关部门应当予以协助。职业病诊断和诊断争议的鉴定，依照职业病防治法的有关规定执行。对依法取得职业病诊断证明书或者职业病诊断鉴定书的，社会保险行政部门不再进行调查核实。

职工或者其近亲属认为是工伤，用人单位不认为是工伤的，由用人单位承担举证责任。

第六十七条 本条例自2004年1月1日起施行。本条例施行前已受到事故伤害或者患职业病的职工尚未完成工伤认定的，按照本条例的规定执行。

要点释义

职工因工作遭受事故伤害或患职业病，所在单位、工伤职工或者其近亲属、工会组织应当依法向社会保险行政部门提出工伤认定申请，以保护工伤职工的合法权益。

◆申请受理部门。原则上向统筹地区社会保险行政部门提出工伤认定申请。用人单位注册地与生产经营地不在同一统筹地区的，在参保地进行工伤认定；未参加工伤保险的职工，应当在生产经营地进行工伤认定。

◆申请时限。

（1）用人单位的申请时限。用人单位应当自职工事故伤害发生之日或者被诊断、鉴定为职业病之日起30日内，提出工伤认定申请。遇有特殊情况，经报社会保险行政部门同意，申请时限可以适当延长。

（2）工伤职工（或者其近亲属、工会组织）的申请时限。用人单位未按规定时限提出工伤认定申请的，工伤职工或者其近亲属、工会组织在事故伤害发生之日或者被诊断、鉴定为职业病之日起1年内，提出工伤认定申请。

（3）超过工伤认定申请时限仍可申请的情形。考虑到职工实际所处的弱势地位，为对职工申请权利进行充分保障，存在以下几种特殊情况，被耽误的时间不计算在工伤认定申请期限内。

1）受不可抗力影响的；

2）职工由于被国家机关依法采取强制措施等人身自由受到限制不能申请工伤认定的；

3）申请人正式提交了工伤认定申请，但因社会保险机构未登记或者材料遗失等原因造成申请超时限的；

4）当事人就确认劳动关系申请劳动仲裁或提起民事诉讼的；

5）属于用人单位原因的；

6）其他符合法律法规规定的情形。

◆用人单位未在法定时限内提出申请的法律后果。用人单位未在规定的时限内提交工伤认定申请，在此期间发生符合《工伤保险条例》规定的工伤待遇等有关费用由该用人单位负担。

延伸阅读

●《关于实施〈工伤保险条例〉若干问题的意见》（劳社部函〔2004〕256号）

四、条例第十七条第二款规定的有权申请工伤认定的"工会组织"包括职工所在用人单位的工会组织以及符合《中华人民共和国工会法》规定的各级工会组织。

五、用人单位未按规定为职工提出工伤认定申请，受到事故伤害或者患职业病的职工或者其直系亲属、工会组织提出工伤认定申请，职工所在单位是否同意（签字、盖章），不是必经程序。

六、条例第十七条第四款规定"用人单位未在本条第一款规定的时限内提交工伤认定申请的，在此期间发生符合本条例规定的工伤待遇等有关费用由该用人单位负担"。这里用人单位承担工伤待遇等有关费用的期间是指从事故伤害发生之日或职业病确诊之日起到劳动保障行政部门受理工伤认定申请之日止。

●《人力资源社会保障部关于执行〈工伤保险条例〉若干问题的意见（二）》（人社部发〔2016〕29号）

七、用人单位注册地与生产经营地不在同一统筹地区的，原则上应在注册地为职工参加工伤保险；未在注册地参加工伤保险的职工，可由用人单位在生产经营地为其参加工伤保险。

劳务派遣单位跨地区派遣劳动者，应根据《劳务派遣暂行规定》参加工伤保险。建筑施工企业按项目参保的，应在施工项目所在地参加工伤保险。

职工受到事故伤害或者患职业病后,在参保地进行工伤认定、劳动能力鉴定,并按照参保地的规定依法享受工伤保险待遇;未参加工伤保险的职工,应当在生产经营地进行工伤认定、劳动能力鉴定,并按照生产经营地的规定依法由用人单位支付工伤保险待遇。

八、有下列情形之一的,被延误的时间不计算在工伤认定申请时限内。

(一)受不可抗力影响的;

(二)职工由于被国家机关依法采取强制措施等人身自由受到限制不能申请工伤认定的;

(三)申请人正式提交了工伤认定申请,但因社会保险机构未登记或者材料遗失等原因造成申请超时限的;

(四)当事人就确认劳动关系申请劳动仲裁或提起民事诉讼的;

(五)其他符合法律法规规定的情形。

九、《工伤保险条例》第六十七条规定的"尚未完成工伤认定的",是指在《工伤保险条例》施行前遭受事故伤害或被诊断鉴定为职业病,且在工伤认定申请法定时限内(从《工伤保险条例》施行之日起算)提出工伤认定申请,尚未作出工伤认定的情形。

十、因工伤认定申请人或者用人单位隐瞒有关情况或者提供虚假材料,导致工伤认定决定错误的,社会保险行政部门发现后,应当及时予以更正。

● **《最高人民法院关于审理工伤保险行政案件若干问题的规定》(法释〔2014〕9号)**

第七条 由于不属于职工或者其近亲属自身原因超过工伤认定申请期限的,被耽误的时间不计算在工伤认定申请期限内。

有下列情形之一耽误申请时间的,应当认定为不属于职工或者其近亲属自身原因:

(一)不可抗力;

(二)人身自由受到限制;

（三）属于用人单位原因；

（四）社会保险行政部门登记制度不完善；

（五）当事人对是否存在劳动关系申请仲裁、提起民事诉讼。

第九条　因工伤认定申请人或者用人单位隐瞒有关情况或者提供虚假材料，导致工伤认定错误的，社会保险行政部门可以在诉讼中依法予以更正。

工伤认定依法更正后，原告不申请撤诉，社会保险行政部门在作出原工伤认定时有过错的，人民法院应当判决确认违法；社会保险行政部门无过错的，人民法院可以驳回原告的诉讼请求。

典型案例

60. 公司未在规定时间内申请工伤认定，是否应担责？

> **关键词**　用人单位未在规定的时限内提出工伤认定申请

案情　邱某系某广告公司职工，公司为他参加了工伤保险。一日，邱某在外出为公司送资料途中遭遇交通

事故，造成多发性肋骨骨折，住院治疗花去4万多元。事后，邱某从肇事车辆方获得赔偿2万余元，公司却未在30天之内为其申报工伤。等到公司为邱某申报工伤时，从当地社会保险行政部

门得到的答复是申报之前的工伤保险赔偿责任应由公司承担。公司不服,认为其已经按照法律规定为职工缴纳了工伤保险,这次事故的赔偿责任不应再由公司承担,遂向当地人民政府申请行政复议。

裁判

及时为职工申报工伤是用人单位的法定义务。本案中,公司虽为邱某参加了工伤保险,但却未在事故发生后及时为其提出工伤认定申请,也未遇有特殊情况。根据《工伤保险条例》等有关法律规定,从职工事故伤害发生之日起到工伤认定申请受理之日止,这期间的工伤待遇等有关费用应由用人单位负担。经调解,公司最终支付了邱某的医疗费、住院伙食补助费等费用。

61. 职工发生事故超过了1年申请工伤认定,能否被受理?

关键词 职工未在法定期限内申请且未提交被延误的证据

案情

董某在某物业公司任项目主任。2015年3月24日下午,董某驾驶电动车外出办业务途中与刘某驾驶的两轮摩托车相撞,董某受伤。事故发生后,物业公司认为董某是因酒后驾驶造成交通事故,不符合认定工伤的条件,没有向当地社会保险行政部门递交董某工伤申报材料。2016年7

月 28 日，董某自行向当地社会保险行政部门提出工伤认定申请。社会保险行政部门认为，董某的申请时间距离事故发生时间已经超过 1 年，不符合《工伤保险条例》的受理条件，作出工伤认定不予受理决定书。董某不服，向法院提起诉讼。

裁判 法院认为，本案中董某于 2015 年 3 月 24 日发生事故伤害，用人单位应当自事故伤害发生之日起 30 日内，向社会保险行政部门提出工伤认定申请。公司因认为董某酒后驾驶不符合认定工伤的条件，未在法定的期限内申请，但董某本人或者其近亲属、工会组织在事故伤害发生之日起 1 年内，也未直接向社会保险行政部门提出工伤认定申请。直至 2016 年 7 月 28 日，董某才向社会保险行政部门提交工伤认定申请资料，离事故发生之日已经超过了 1 年，且未提交被延误的时间不应计算在工伤认定申请时限内的证据。社会保险行政部门在收到工伤认定申请后，作出不予受理的决定，符合法律规定。

法院经审理后维持了工伤认定申请不予受理的决定。

62. 用人单位与职工协商耽误的时间不计算在工伤认定申请期限内

关键词 属于用人单位原因

案情 刘某于 2011 年 11 月应聘至某公司工作，工作岗位为普工。2012 年 1 月 30 日，刘某在工作中搬运货物时致右腿受伤，随即被送往医院住院治疗，经诊断为右股骨颈骨折，住院治疗费用均由公司承担。在刘某住院期间，公司向刘某许诺，待治疗结束后再行按照工伤标准进行赔偿。2013 年 12 月 19 日，公司向某司法鉴定中心委托鉴定，经鉴定刘某的伤残等级为九级伤残。伤残鉴定报告作出后，双方之间又进行了多次协商，但均未果。后刘某于2014年5月9日向当地社会保险行政部门提出工伤认定申请。社会保险行政部门受理后，认定刘某为工伤。公司不服，向法院提起诉讼。

裁判

公司认为，刘某申请认定工伤的时效已过，社会保险行政部门应不予受理。

社会保险行政部门认为，依据《最高人民法院关于审理工伤保险行政案件若干问题的规定》（法释〔2014〕9号）第七条规定，"由于不属于职工或者其近亲属自身原因超过工伤认定申请期限的，被耽误的时间不计算在工伤认定申请期限内。有下列情形之一耽误申请时间的，应当认定为不属于职工或者其近亲属自身原因：……（三）属于用人单位原因；……"

本案中，刘某于2012年1月30日在生产车间受伤后，公司支付了刘某两次住院的医疗费，并在2012年2月至2013年2月期间，按月发放生活费，可以看出刘某和公司就受伤治疗和赔偿事宜进行过协商，公司也在积极处理刘某受伤的问题。2013年12月，双方在协商未果情况下，对刘某做了伤残等级鉴定，以参考鉴定结论再进行协商，可见双方就刘某受伤及赔偿事宜一直处于协商中，且公司也有支付医疗费及发放生活费等积极处理行为，故刘某未在1年内向社会保险行政部门申请工伤认定，应当认定为属于用人单位原因，不应视为其申请已超过1年的期限。

法院经审理维持了工伤认定决定。

63. 用人单位一直支付工伤职工待遇被耽误的时间不计算在工伤认定申请期限内

关键词 属于用人单位原因

案情

冯某于 2010 年 9 月应聘至某汽修厂工作,工作岗位为普工。2011 年 8 月 15 日,冯某在工作中使用砂轮时,被异物打伤右眼,随即被送往医院住院治疗,经诊断为右眼贯通伤,后又于 2012 年 4 月 10 日进行二次住院医疗,共计住院 38 天。两次住院治疗费用均由单位承担。冯某在第一次住院治疗后,向单位的法律顾问提出申请,要求单位申报工伤。法律顾问将当事人的要求反映给单位后,单位没有向社会保险行政部门提出工伤认定申请,但一直支付冯某的所有医疗费用和生活护理费。直至 2014 年 3 月,单位停止支付冯某的医疗费和生活护理费,冯某到单位询问后得知,单位并没有给自己申报工伤。随后,冯某于 2014 年 6 月向当地社会保险行政部门提出工伤认定申请。

裁判

社会保险行政部门接到申请后,对用人单位进行了调查,并找到当时的法律顾问了解事情经过,同时冯某向社会保险行政部门提供了银行卡明细等证据材料。社会保险行政部门综合有关情况后,受理了冯某的工伤认定申请,并依法认定冯某所受伤害为工伤。

64. 确认劳动关系被耽误的时间不计算在工伤认定申请期限内

关键词 对是否存在劳动关系申请仲裁、提起民事诉讼

案情

2006年4月24日，邓某在宏达豪纺织公司擅自增设的经营场所内操作机器时左手中指被机器压伤，经医院诊断为"左中指中节闭合性骨折、软组织挫伤、伸腱断裂"。2006年7月28日，邓某在不知情的情况下以"宏达豪纺织厂"为用人单位，向当地社会保险行政部门申请工伤认定。社会保险行政部门以"宏达豪纺织厂"不具有用工主体资格为由不予受理。之后，邓某通过民事诉讼途径最终确认与宏达豪纺织公司存在事实劳动关系。2008年1月16日，邓某以"宏达豪纺织公司"为用人单位申请工伤认定。社会保险行政部门认定邓某为工伤。

2008年3月24日，宏达豪纺织公司经工商行政管理部门核准注销。邹某作为原宏达豪纺织公司的法定代表人对工伤认定决定书不服，向法院提起诉讼。

裁判

法院认为，因宏达豪纺织公司未经依法登记即擅自增设营业点从事经营活动，故邓某在不知情的情况下于2006年7月28日向当地社会保险行政部门申请工伤认定时，错列"宏达豪纺织厂"

为用人单位并不存在主观过错。另外，邓某在社会保险行政部门以"宏达豪纺织厂"不具有用工主体资格、不能与劳动者形成劳动关系为由不予受理其工伤认定申请，并建议邓某通过民事诉讼途径解决后，才由生效民事判决最终确认与其存在事实劳动关系的用人单位是宏达豪纺织公司。故社会保险行政部门于2008年1月16日收到邓某以"宏达豪纺织公司"为用人单位的工伤认定申请后，从《工伤保险条例》切实保护劳动者合法权益的立法目的考量，认定邓某已在1年的法定申请时效内提出过工伤认定申请，是因存在不能归责于其本人的原因而导致其维护合法权益的时间被拖长，受理其申请并作出工伤认定决定并无不当。

法院经审理维持了工伤认定决定。

65. 单位未履行告知义务被耽误的时间不计算在工伤认定申请期限内

 属于用人单位原因

倪某患有精神障碍，其子卢某于2013年10月5日在某砖厂工作时因意外事故死亡，倪某对卢某死亡并不知情，砖厂也未告知倪某。2016年3月，倪某得知此事，向当地社会保险行政部门提出工伤认定申请，社会保险行政部门予以受理。砖厂对社会保险行政部门的受理决定不服，向法院提起诉讼。

裁判　法院认为，依据《最高人民法院关于审理工伤保险行政案件若干问题的规定》（法释〔2014〕9号）第七条规定，属于用人单位原因，耽误申请时间的，应当认定为不属于职工或者其近亲属自身原因。本案涉及工伤认定申请主体资格及申请时效问题，倪某作为死者的母亲，有权提出工伤认定申请，不受是否有民事行为能力和对死者是否尽抚养义务的限制；卢某死亡后，用人单位明知道倪某有精神障碍且已改嫁他乡，却并未告知其子卢某死亡的事实，倪某不知道儿子死亡的事实确有客观原因，因此其逾期提出工伤认定申请，不属于自身原因所致，对其申请社会保险行政部门应当依法受理。

法院经审理维持了工伤认定申请受理的决定。

66. 上班第二天就受伤，能不能申请工伤认定？

关键词　劳动者在用人单位工作时间的长短不影响其申请工伤认定的权利

案情

付某于2003年12月10日经人介绍认识了某钢结构有限公司负责日常工作的丁某（系公司法定代表人丁某某的父亲），从而到该公司工作。第二天下

午,付某在用钻机给钢板打眼时左臂不慎绞入钻机,造成左臂受伤。付某向当地社会保险行政部门提出工伤认定申请,社会保险行政部门认定付某为工伤。公司不服,向法院提起诉讼。

裁判 法院认为,劳动者与用人单位之间存在事实劳动关系,即使未签订书面劳动合同也不影响其申请工伤认定的权利,并且事实劳动关系的存在与否,并不取决于劳动者在用人单位工作时间的长短。本案中,公司与付某之间虽然未签订书面劳动合同,但2003年12月10日付某经介绍到该公司工作,公司负责日常管理工作的经理丁某未表示反对意见,而且双方当天已经就工资标准和工作内容进行了磋商明确,付某当日亦从事了公司安排的相关工作。2003年12月11日,付某按照公司要求投入工作,可以认定和公司已经形成事实劳动关系。事故发生当天,付某在工作时间、工作场所,因工作原因受到伤害,符合《工伤保险条例》第十四条第(一)项的情形,应被认定为工伤。

法院经审理维持了工伤认定决定。

67. 职工递交辞呈,在提前通知期内发生工伤,应如何处理?

关键词 职工正式离职前发生工伤的,仍然有权享受工伤保险待遇

案情 管某是某能源公司职工。2017年9月28日,管某向公司递交书面辞职申请,并要求单位在2017年10月31日前办理离职手续。2017年10月13日,管某在工作期间遭遇事故,右手受伤。其后,公司与管某因离职手续办理问题产生了争议。公司认为,既然管某已经提交了辞职报告,将在30日内办理离职手续,单位无须再承担工伤保险相关责任。管某认为,自己是在提出辞职报告后正式离职前发生工伤的,仍然有权享受工伤保险待遇。

> 裁判

  《中华人民共和国劳动合同法》第三十七条规定，劳动者提前 30 日以书面形式通知用人单位，可以解除劳动合同。但上述法律规定是对一般劳动者而言，对于工伤职工，《工伤保险条例》第三十三条规定："职工因工作遭受事故伤害或者患职业病需要暂停工作接受工伤医疗的，在停工留薪期内，原工资福利待遇不变，由所在单位按月支付。"根据上述规定，职工提出辞职后，在提前通知期内因工负伤的，仍然享有治疗康复的权利。在停工留薪期内，用人单位不得以职工已经提交辞呈而要求其办理离职手续。

  停工留薪期满后，职工经治疗伤情相对稳定后存在残疾、影响劳动能力的，应当进行劳动能力鉴定。在劳动能力鉴定结论尚未作出前，用人单位不能单方要求劳动者办理离职手续，也不能停止缴纳工伤保险费。

  伤残等级鉴定完成后，用人单位应当根据劳动者的伤残情况作出不同处理：如果职工的伤残等级为一级至四级，即使劳动者此前已经递交了辞呈，根据《工伤保险条例》第三十五条规定，用人单位仍然应当保留双方劳动关系，让职工享受相应的工伤待遇。如果职工的伤残等级为五级至十级，由于之前劳动者已提出辞呈，该职工可以与用人单位解除或者终止劳动关系，用人单位可以要求劳动者办理离职手续，由工伤保险基金支付一次性工伤医疗补助金，由用人单位支付一次性伤残就业补助金。如果劳动者劳动能力鉴定未达到伤残等级，用人单位可以即刻办理离职手续。

68. 未参加工伤保险的农民工受到事故伤害，应在生产经营地进行工伤认定

关键词 生产经营地

案情 2014年6月9日，张某到D县联谊建筑安装工程有限责任公司承建的J市某旧村改造生活保障用房2号楼工地进行楼内钉网工作。D县联谊建筑安装工程有限责任公司的住所地为D县光明街建委院内，该公司在注册地和生产经营地均未参加工伤保险。

2014年6月26日10时30分左右，张某在进行楼内钉网工作时被钢钉崩伤左眼，受伤后在J市第二人民医院治疗。2014年11月6日，J市天桥区劳动人事争议仲裁委员会裁决认定张某与D县联谊建筑安装工程有限责任公司存在事实劳动关系。2015年2月2日，张某向当地社会保险行政部门提出工伤认定申请并被受理。

裁判 此案就应否被受理产生了争议，历经了一审、二审，到省高级人民法院再审。省高级人民法院再审认为，依据劳动和社会保障部《关于农民工参加工伤保险有关问题的通知》（劳社部发

〔2004〕18号）第三条规定"用人单位在注册地和生产经营地均未参加工伤保险的，农民工受到事故伤害或者患职业病后，在生产经营地进行工伤认定、劳动能力鉴定，并按生产经营地的规定依法由用人单位支付工伤保险待遇"，张某在J市人力资源和社会保障局管辖范围内发生工伤事故，而用人单位在注册地和生产经营地均未参加工伤保险，J市人力资源和社会保障局作为张某用人单位生产经营地的社会保险行政部门具有工伤认定申请受理权限。

69. 工伤认定中用人单位注销怎么办？

关键词 工伤认定应当以发生事故时的劳动关系作为基础事实

案情 易某系某足疗店职工。2015年11月4日，易某在足疗店内待工时突发疾病，经医院抢救无效于当日死亡。2016年5月30日，法院判决双方存在劳动关系。当地社会保险行政部门受理易某亲属的工伤认定申请后，向足疗店下达限期举证告知书，但因为该足疗店已注销，原址查无此单位被退回。社会保险行政部门对该起事故进行调查后，认定易某视同工伤。

裁判 现实中，类似工伤发生后，用人单位注销、解散的例子并不罕见。工伤认定所依据的劳动关系事实，应当以发生工伤事故而不是申请工伤认定或者作出工伤认定决定时为准。事发后用人单位被注销的，不影响作出工伤认定。本案中，该足疗店注销后，并不能改变足疗店存续时与受伤害职工易某之间的劳动关系，对受伤害职工亲属提出的工伤认定申请，社会保险行政部门应当受理。

在本案认定调查过程中，由于足疗店已经注销，调查走访异常困难。经过多次沟通，足疗店原法定代表人同时也是公司注销清算负责人信某委托他人到社会保险行政部门签收举证告知书，但提供两名证人称易某突发疾病并不是在上班时间。社会保险行政部门调查证人后，结合公安机关在事故次日对信某和当时在场职工所作调查笔录，以及法院审理查明的事实，综合判断，认定易某突发疾病符合《工伤保险条例》第十五条第一款第（一）项的规定，视同工伤，并将用人单位方的认定文书送达信某本人。

依据《中华人民共和国公司法》第一百八十九条第三款规定，清算组成员因故意或者重大过失给公司或者债权人造成损失的，应当承担赔偿责任。信某作为足疗店原法定代表人和注销清算负责人，故意隐瞒存在诉讼的事实，造成易某的亲属无法向足疗店追偿工伤保险待遇。易某的亲属作为债权人，可以将信某作为被告，要求其承担足疗店对易某的工伤保险赔偿责任。

下篇
工伤保险待遇与工伤保险责任

第五章

工伤保险待遇典型案例

《工伤保险条例》

第三十条 职工因工作遭受事故伤害或者患职业病进行治疗，享受工伤医疗待遇。

职工治疗工伤应当在签订服务协议的医疗机构就医，情况紧急时可以先到就近的医疗机构急救。

治疗工伤所需费用符合工伤保险诊疗项目目录、工伤保险药品目录、工伤保险住院服务标准的，从工伤保险基金支付。工伤保险诊疗项目目录、工伤保险药品目录、工伤保险住院服务标准，由国务院社会保险行政部门会同国务院卫生行政部门、食品药品监督管理部门等部门规定。

职工住院治疗工伤的伙食补助费，以及经医疗机构出具证明，报经办机构同意，工伤职工到统筹地区以外就医所需的交通、食宿费用从工伤保险基金支付，基金支付的具体标准由统筹地区人民政府规定。

工伤职工治疗非工伤引发的疾病，不享受工伤医疗待遇,按照基本医疗保险办法处理。

工伤职工到签订服务协议的医疗机构进行工伤康复的费用,符合规定的,从工伤保险基金支付。

第三十二条 工伤职工因日常生活或者就业需要,经劳动能力鉴定委员会确认,可以安装假肢、矫形器、假眼、假牙和配置轮椅等辅助器具,所需费用按照国家规定的标准从工伤保险基金支付。

第三十三条 职工因工作遭受事故伤害或者患职业病需要暂停工作接受工伤医疗的,在停工留薪期内,原工资福利待遇不变,由所在单位按月支付。

停工留薪期一般不超过12个月。伤情严重或者情况特殊,经设区的市级劳动能力鉴定委员会确认,可以适当延长,但延长不得超过12个月。工伤职工评定伤残等级后,停发原待遇,按照本章的有关规定享受伤残待遇。工伤职工在停工留薪期满后仍需治疗的,继续享受工伤医疗待遇。

生活不能自理的工伤职工在停工留薪期需要护理的,由所在单位负责。

第三十四条 工伤职工已经评定伤残等级并经劳动能力鉴定委员会确认需要生活护理的,从工伤保险基金按月支付生活护理费。

生活护理费按照生活完全不能自理、生活大部分不能自理或者生活部分不能自理3个不同等级支付,其标准分别为统筹地区上年度职工月平均工资的50%、40%或者30%。

第三十五条 职工因工致残被鉴定为一级至四级伤

残的，保留劳动关系，退出工作岗位，享受以下待遇：

（一）从工伤保险基金按伤残等级支付一次性伤残补助金，标准为：一级伤残为27个月的本人工资，二级伤残为25个月的本人工资，三级伤残为23个月的本人工资，四级伤残为21个月的本人工资。

（二）从工伤保险基金按月支付伤残津贴，标准为：一级伤残为本人工资的90%，二级伤残为本人工资的85%，三级伤残为本人工资的80%，四级伤残为本人工资的75%。伤残津贴实际金额低于当地最低工资标准的，由工伤保险基金补足差额。

（三）工伤职工达到退休年龄并办理退休手续后，停发伤残津贴，按照国家规定享受基本养老保险待遇。基本养老保险待遇低于伤残津贴的，由工伤保险基金补足差额。

职工因工致残被鉴定为一级至四级伤残的，由用人单位和职工个人以伤残津贴为基数，缴纳基本医疗保险费。

第三十六条 职工因工致残被鉴定为五级、六级伤残的，享受以下待遇：

（一）从工伤保险基金按伤残等级支付一次性伤残补助金，标准为：五级伤残为18个月的本人工资，六级伤残为16个月的本人工资。

（二）保留与用人单位的劳动关系，由用人单位安排适当工作。难以安排工作的，由用人单位按月发给伤残津贴，标准为：五级伤残为本人工资的70%，六级伤残为本人工资的60%，并由用人单位按照规定为其缴纳应缴纳的各项社会保险费。伤残津贴实际金额低于当地最低工资标准的,由用人单位补足差额。

经工伤职工本人提出,该职工可以与用人单位解除或者终止劳动关系,由工伤保险基金支付一次性工伤医疗补助金,由用人单位支付一次性伤残就业补助金。一次性工伤医疗补助金和一次性伤残就业补助金的具体标准由省、自治区、直辖市人民政府规定。

第三十七条 职工因工致残被鉴定为七级至十级伤残的,享受以下待遇:

(一)从工伤保险基金按伤残等级支付一次性伤残补助金,标准为:七级伤残为13个月的本人工资,八级伤残为11个月的本人工资,九级伤残为9个月的本人工资,十级伤残为7个月的本人工资。

(二)劳动、聘用合同期满终止,或者职工本人提出解除劳动、聘用合同的,由工伤保险基金支付一次性工伤医疗补助金,由用人单位支付一次性伤残就业补助金。一次性工伤医疗补助金和一次性伤残就业补助金的具体标准由省、自治区、直辖市人民政府规定。

第三十八条 工伤职工工伤复发,确认需要治疗的,享受本条例第三十条、第三十二条和第三十三条规定的工伤待遇。

第三十九条 职工因工死亡,其近亲属按照下列规定从工伤保险基金领取丧葬补助金、供养亲属抚恤金和一次性工亡补助金:

(一)丧葬补助金为6个月的统筹地区上年度职工月平均工资。

（二）供养亲属抚恤金按照职工本人工资的一定比例发给由因工死亡职工生前提供主要生活来源、无劳动能力的亲属。标准为：配偶每月40%，其他亲属每人每月30%，孤寡老人或者孤儿每人每月在上述标准的基础上增加10%。核定的各供养亲属的抚恤金之和不应高于因工死亡职工生前的工资。供养亲属的具体范围由国务院社会保险行政部门规定。

（三）一次性工亡补助金标准为上一年度全国城镇居民人均可支配收入的20倍。

伤残职工在停工留薪期内因工伤导致死亡的，其近亲属享受本条第一款规定的待遇。

一级至四级伤残职工在停工留薪期满后死亡的，其近亲属可以享受本条第一款第（一）项、第（二）项规定的待遇。

第四十一条　职工因工外出期间发生事故或者在抢险救灾中下落不明的，从事故发生当月起3个月内照发工资，从第4个月起停发工资，由工伤保险基金向其供养亲属按月支付供养亲属抚恤金。生活有困难的，可以预支一次性工亡补助金的50%。职工被人民法院宣告死亡的，按照本条例第三十九条职工因工死亡的规定处理。

第四十二条　工伤职工有下列情形之一的，停止享受工伤保险待遇：

（一）丧失享受待遇条件的；

（二）拒不接受劳动能力鉴定的；

（三）拒绝治疗的。

第四十五条　职工再次发生工伤，根据规定应当享受伤残津贴的，按照新认定的伤残等级享受伤残津贴待遇。

第六十条　用人单位、工伤职工或者其近亲属骗取工伤保险待遇，医疗机构、辅助器具配置机构骗取工伤保险基金支出的，由社会保险行政部门责令退还，处骗取金额2倍以上5倍以下的罚款；情节严重，构成犯罪的，依法追究刑事责任。

第六十二条　用人单位依照本条例规定应当参加工伤保险而未参加的，由社会保险行政部门责令限期参加，补缴应当缴纳的工伤保险费，并自欠缴之日起，按日加收万分之五的滞纳金；逾期仍不缴纳的，处欠缴数额1倍以上3倍以下的罚款。

依照本条例规定应当参加工伤保险而未参加工伤保险的用人单位职工发生工伤的，由该用人单位按照本条例规定的工伤保险待遇项目和标准支付费用。

用人单位参加工伤保险并补缴应当缴纳的工伤保险费、滞纳金后，由工伤保险基金和用人单位依照本条例的规定支付新发生的费用。

第六十四条　本条例所称工资总额，是指用人单位直接支付给本单位全部职工的劳动报酬总额。

本条例所称本人工资，是指工伤职工因工作遭受事故伤害或者患职业病前12个月平均月缴费工资。本人工资高于统筹地区职工平均工资300%的，按照统筹地区职工平均工资的300%计算；本人工资低于统筹地区职工平均工资60%的，按照统筹地区职工平均工资的60%计算。

要点释义

◆参保工伤职工工伤医疗期间享受待遇见表 5-1。

表 5-1　参保工伤职工工伤医疗期间享受待遇

项目	计发基数及标准	支付方式
医疗费	签订服务协议的医疗机构内，符合规定范围内的医疗费	基金支付
康复费	签订服务协议的医疗机构内，符合规定范围内的康复费	基金支付
辅助器具费	经劳动能力鉴定委员会确认需安装辅助器具的，发生符合支付标准的辅助器具配置费用	基金支付
住院伙食补助费	职工治疗工伤的伙食费用，按当地标准支付	基金支付
异地就医交通食宿费	经医疗机构出具证明，报经办机构同意，工伤职工到统筹地区以外就医所需的交通、食宿费用，按当地标准支付	基金支付
工资福利	停工留薪期间，按原工资福利待遇支付	单位支付
护理	生活不能自理的工伤职工在停工留薪期间需要护理的	单位负责

◆参保工伤职工工伤医疗终结，劳动能力鉴定后享受的一次性待遇见表 5-2。

表 5-2　参保工伤职工工伤医疗终结，劳动能力鉴定后享受的一次性待遇

项目	计发基数	计发标准		支付方式
一次性伤残补助金	本人工资	一级	27 个月	基金支付
		二级	25 个月	
		三级	23 个月	

续表

项目	计发基数	计发标准		支付方式
一次性伤残补助金	本人工资	四级	21个月	基金支付
		五级	18个月	
		六级	16个月	
		七级	13个月	
		八级	11个月	
		九级	9个月	
		十级	7个月	
一次性工伤医疗补助金	按各地具体制定的标准执行	五级至十级	按各地具体制定的标准执行	终止劳动关系和工伤保险关系时，基金支付
一次性伤残就业补助金	按各地具体制定的标准执行	五级至十级	按各地具体制定的标准执行	终止劳动关系和工伤保险关系时，单位支付

◆参保工伤职工工伤医疗终结，劳动能力鉴定后享受的长期待遇见表5-3。

表5-3 参保工伤职工工伤医疗终结，劳动能力鉴定后享受的长期待遇

项目	计发基数	计发标准		支付方式
伤残津贴	本人工资	一级	90%	基金按月支付
		二级	85%	
		三级	80%	
		四级	75%	
		五级	70%	保留劳动关系，难以安排工作的，由单位按月支付
		六级	60%	

续表

项目	计发基数	计发标准		支付方式
生活护理费	统筹地区上年度职工月平均工资	完全不能自理	50%	基金按月支付
		大部分不能自理	40%	
		部分不能自理	30%	

◆参保职工因工死亡待遇见表5-4。

表5-4 参保职工因工死亡待遇

项目	计发基数	计发标准		支付方式
丧葬补助金	统筹地区上年度职工月平均工资	6个月		基金支付
一次性工亡补助金	上一年度全国城镇居民人均可支配收入	20倍		基金支付
供养亲属抚恤金	本人工资	配偶	40%	基金按月支付，符合工亡职工供养范围条件的亲属可领取
		其他亲属	30%	
		孤寡老人或者孤儿每人每月在上述标准的基础上增加10%，核定的各供养亲属的抚恤金之和不应高于因工死亡职工生前的工资		

需注意的是，工伤保险基金是参保单位依法缴纳的社会保险基金，用于对工伤职工的救治、补偿等法定用途，任何人不得侵占和挪用。骗取工伤保险待遇以及骗取工伤保险基金支出，是以不正当手段侵占工伤保险基金的行为，是一种主观故意，必须依法严惩。骗取工伤保险待遇和骗取工伤保险基金支出情节严重的，可构成诈骗罪。

延伸阅读

●《人力资源社会保障部关于执行〈工伤保险条例〉若干问题的意见》(人社部发〔2013〕34号)

八、曾经从事接触职业病危害作业、当时没有发现罹患职业病、离开工作岗位后被诊断或鉴定为职业病的符合下列条件的人员,可以自诊断、鉴定为职业病之日起一年内申请工伤认定,社会保险行政部门应当受理:

(一)办理退休手续后,未再从事接触职业病危害作业的退休人员;

(二)劳动或聘用合同期满后或者本人提出而解除劳动或聘用合同后,未再从事接触职业病危害作业的人员。

经工伤认定和劳动能力鉴定,前款第(一)项人员符合领取一次性伤残补助金条件的,按就高原则以本人退休前12个月平均月缴费工资或者确诊职业病前12个月的月平均养老金为基数计发。前款第(二)项人员被鉴定为一级至十级伤残、按《条例》规定应以本人工资作为基数享受相关待遇的,按本人终止或者解除劳动、聘用合同前12个月平均月缴费工资计发。

九、按照本意见第八条规定被认定为工伤的职业病人员,职业病诊断证明书(或职业病诊断鉴定书)中明确的用人单位,在该职工从业期间依法为其缴纳工伤保险费的,按《条例》的规定,分别由工伤保险基金和用人单位支付工伤保险待遇;未依法为该职工缴纳工伤保险费的,由用人单位按照《条例》规定的相关项目和标准支付待遇。

十、职工在同一用人单位连续工作期间多次发生工伤的,符合《条例》第三十六条、第三十七条规定领取相关待遇时,按照其在同一用人单位发生工伤的最高伤残级别,计发一次性伤残就业补助金和一次性工伤医疗补助金。

十一、依据《条例》第四十二条的规定停止支付工伤保险待遇的,在停止支付待遇的情形消失后，自下月起恢复工伤保险待遇，停止支付的工伤保险待遇不予补发。

十三、由工伤保险基金支付的各项待遇应按《条例》相关规定支付，不得采取将长期待遇改为一次性支付的办法。

十四、核定工伤职工工伤保险待遇时，若上一年度相关数据尚未公布，可暂按前一年度的全国城镇居民人均可支配收入、统筹地区职工月平均工资核定和计发，待相关数据公布后再重新核定，社会保险经办机构或者用人单位予以补发差额部分。

● **《人力资源社会保障部关于执行〈工伤保险条例〉若干问题的意见（二）》（人社部发〔2016〕29号）**

一、一级至四级工伤职工死亡，其近亲属同时符合领取工伤保险丧葬补助金、供养亲属抚恤金待遇和职工基本养老保险丧葬补助金、抚恤金待遇条件的，由其近亲属选择领取工伤保险或职工基本养老保险其中一种。

三、《工伤保险条例》第六十二条规定的"新发生的费用"，是指用人单位参加工伤保险前发生工伤的职工，在参加工伤保险后新发生的费用。其中由工伤保险基金支付的费用，按不同情况予以处理：

（一）因工受伤的，支付参保后新发生的工伤医疗费、工伤康复费、住院伙食补助费、统筹地区以外就医交通食宿费、辅助器具配置费、生活护理费、一级至四级伤残职工伤残津贴，以及参保后解除劳动合同时的一次性工伤医疗补助金；

（二）因工死亡的，支付参保后新发生的符合条件的供养亲属抚恤金。

● **《关于实施〈工伤保险条例〉若干问题的意见》（劳社部函〔2004〕256号）**

七、条例第三十六条规定的工伤职工旧伤复发，是否需要治疗应由治疗工伤职工的协议医疗机构提出意见，有争议的由劳动能力鉴定委员会确认。

八、职工因工死亡，其供养亲属享受抚恤金待遇的资格，按职工因工死亡时的条件核定。

典型案例

70. 用人单位未参加工伤保险，应按规定支付工伤保险待遇

关键词 未参加工伤保险的用人单位职工发生工伤，由该用人单位按照规定支付费用

案情 李某于2009年10月30日到某宾馆工作，担任服务员。宾馆没有为李某参加工伤保险。2012年12月25日，李某在下班步行回家途中，被一辆摩托车撞伤，交警部门认定李某无责任。2013年5月6日，李某经当地社会保险行政部门认定为工伤。2014年8月29日，经当地劳动能力鉴定委员会鉴定，李某伤残等级为八级。李某停止工作治疗工伤期间，宾馆没有发放李某停工留薪期工资。李某出院后没有回宾馆继续上班。经李某申请，当地劳动人事争议仲裁委员会于2015年1月6日裁决终止双方劳动关系，宾馆一次性赔偿李某77 784元。宾馆不服仲裁裁决，向法院提起诉讼。

裁判 《工伤保险条例》第六十二条第二款规定，"依照本条例规定应当参加工伤保险而未参加工伤保险的用人单位职工发生工伤的，由该用人单位按照本条例规定的工伤保险待遇项目和标准支付费用。"《工伤保险条例》第三十七条规定，"职工因工致残被鉴定为七级至十级伤残的，享受以下待遇：（一）从工伤保险基金按伤残等级支付一次性伤残补助金，标准为：……八级伤残

为 11 个月的本人工资，……；（二）劳动、聘用合同期满终止，或者职工本人提出解除劳动、聘用合同的，由工伤保险基金支付一次性工伤医疗补助金，由用人单位支付一次性伤残就业补助金。一次性工伤医疗补助金和一次性伤残就业补助金的具体标准由省、自治区、直辖市人民政府规定。"

本案中，因宾馆没有为李某参加工伤保险，根据《工伤保险条例》第六十二条的规定，宾馆应当承担工伤保险责任，依法支付相关项目的工伤待遇费用。李某伤残等级为八级，宾馆应当依照《工伤保险条例》第三十七条和当地省、自治区、直辖市人民政府规定，支付李某标准为 11 个月本人工资的一次性伤残补助金和相应的一次性工伤医疗补助金、一次性伤残就业补助金等工伤保险待遇。

法院经审理维持了仲裁裁决。

71. 职工拒绝单位缴纳工伤保险费，工亡待遇由谁承担？

关键词　"自愿不缴纳社会保险费"声明因违反法律的强制性规定而无效

案情　刘某于 2013 年 6 月到某物流公司工作，公司多次要为刘某缴纳社会保险费，均遭到刘某拒绝。2013 年 7 月，刘某写下了"本人自愿不缴纳社会保险费，由此产生的所有后果由本人承担，与公司无关"的声明，公司遂没有为刘某缴纳社会保险费。2016 年 5 月，刘某在上班途中发生交通事故死亡，经交警部门认定其承担次要责任。2016 年 6 月，当地社会保险行政部门认定刘某为工伤。刘某的亲属因此要求公司支付刘某因工死亡的相关待遇。而公司认为，公司是因刘某本人原因没有为其参加工伤保险，刘某的声明写明所有后果由其本人承担,与公司无关,公司不能按照工伤保险待遇相关项目和标准赔偿,只能从人道主义角度适当给亲属一定的补助。双方就赔偿数额争执不下,刘某亲属遂向当地劳动人事争议仲裁委员会提出仲裁申请,要求公司支付一次性工亡补助金等因工死亡待遇。

裁判

《中华人民共和国社会保险法》第三十三条规定,职工应当参加工伤保险,由用人单位缴纳工伤保险费,职工不缴纳工伤保险费。《工伤保险条例》第六十二条第二款规定,"依照本条例规定应当参加工伤保险而未参加工伤保险的用人单位职工发生工伤的,由该用人单位按照本条例规定的工伤保险待遇项目和标准支付费用。"

本案中,刘某虽然出具了书面声明,自愿不缴纳社会保险费,但用人单位依法为职工缴纳社会保险费是法律的强制性规定,刘某作出的"自愿不缴纳社会保险费"声明因违反法律的强制性规定而无效。公司没有依法为刘某缴纳工伤保险费,其工亡待遇给付义务应当由公司承担。

最终,劳动人事争议仲裁委员会支持了刘某亲属的仲裁请求。

72. 工伤保险费可补缴，但工伤保险基金支付不可补支

关键词 补缴工伤保险费前发生的待遇费用由用人单位承担

案情

某公司职工刘某上班期间因机械伤害导致工伤，花去17万余元医疗费用并落下六级伤残。刘某要求公司为其申报工伤，公司发现由于工作失误，没有为其办理工伤保险便立即到当地社会保险部门补办手续、补缴费用。之后，公司要求社会保险部门承担全部待遇，社会保险部门予以拒绝。

裁判

《工伤保险条例》第六十二条第二款规定，"依照本条例规定应当参加工伤保险而未参加工伤保险的用人单位职工发生工伤的，由该用人单位按照本条例规定的工伤保险待遇项目和标准支付费用。"第六十二条第三款规定，"用人单位参加工伤保险并补缴应当缴纳的工伤保险费、滞纳金后，由工伤保险基金和用人单位依照本条例的规定支付新发生的费用。"

《人力资源社会保障部关于执行〈工伤保险条例〉若干问题的意见（二）》（人社部发〔2016〕29号）第三条规定，"《工伤保险条例》第六十二条规定的'新发生的费用'，是指用人单

位参加工伤保险前发生工伤的职工,在参加工伤保险后新发生的费用。其中由工伤保险基金支付的费用,按不同情况予以处理:(一)因工受伤的,支付参保后新发生的工伤医疗费、工伤康复费、住院伙食补助费、统筹地区以外就医交通食宿费、辅助器具配置费、生活护理费、一级至四级伤残职工伤残津贴,以及参保后解除劳动合同时的一次性工伤医疗补助金;(二)因工死亡的,支付参保后新发生的符合条件的供养亲属抚恤金。"

综上,刘某的17万余元医疗费用发生在单位参加工伤保险之前,不能由工伤保险基金承担,应由公司承担。当然,公司为刘某参加工伤保险并补缴工伤保险费、滞纳金后新发生的工伤医疗费、工伤康复费、住院伙食补助费、统筹地区以外就医交通食宿费、辅助器具配置费、生活护理费,以及参保后解除劳动合同时的一次性工伤医疗补助金,则可以由工伤保险基金支付。

73. 职工发生工伤,由其亲属代签的赔偿协议有效吗?

关键词 协议显失公平

案情 李某于2016年8月21日到某机械厂工作,双方订立了无固定期限的劳动合同。2016年9月22日下午,李某在消毒车间工作时因劳累过度不慎掉进热水池中,被立即送往烧伤医院治疗,工厂预交医疗费3 000元。2016年9月26日,工厂让李某转院治疗,再次预交医疗费3 000元。李某于2016年11月5日出院,但还有两处烫伤未痊愈,之后支付医疗费29 817.40元,工厂只承担了其中的8 000元。李某受伤后,工厂未支付其工伤津贴。李某在住院期间多次昏迷,由其家人轮流护理。2016年10月3日,工厂曾要求李某的父亲在一份协议书上签字,否则不再支付李某相关的待遇,李某的父亲只好在协议书上代李某签了字。协议书中规定,工厂再支付李某 7 000 元后,双方关于李某受伤的待遇方面再无纠纷,后续问题工厂概不负责。李某经医治后,神志清楚,被认定为工伤,鉴定为九级伤残。李某认为其父代签的协议无效,申请仲裁,请求裁决工厂承担医疗费、工伤津贴、护理费、交通费、一次性伤残补助金、抚恤金等 5 万余元。

裁判

《最高人民法院关于审理劳动争议案件适用法律若干问题的解释(三)》(法释〔2010〕12 号)第十条规定,"劳动者与用人单位就解除或者终止劳动合同办理相关手续、支付工资报酬、加班费、经济补偿或者赔偿金等达成的协议,不违反法律、行政法规的强制性规定,且不存在欺诈、胁迫或者乘人之危情形的,应当认定有效。前款协议存在重大误解或者显失公平情形,当事人请求撤销的,人民法院应予支持。"

据此,用人单位在与工伤职工的亲属就相关待遇协商过程中,应当遵循自愿、平等的原则,并且所支付的相关待遇数额与法定的标准相比不能显失公平,否则都将无效。

劳动人事争议仲裁委员会经审理认为,李某父亲代其与工厂签订的协议书无效,主要理由为:首先,李某的父亲非本案劳动关系的当事人,又未经李某委托,无权代理李某签订协议、处分李某享受工伤保险的权利。其次,李某的父亲签订该协议时,工厂要求李某的父亲在协议书上签字,否则不再支付李某有关待遇,其父只好在协议书上代李某签字。因此,应认为该协议系李某父亲受到胁迫订立,不是其真实意思的表示,应为无效协议,从签订之时就不具备法律效力。第三,该协议中工厂支付李某的工伤待遇,与李某按法律规定应享受的待遇差距较大,属于显失公平。

劳动人事争议仲裁委员会裁决确认双方解除劳动合同，工厂承担李某的工伤医疗费、工伤津贴、护理费、交通费、一次性伤残补助金等工伤待遇。

74. 职工工亡后，其继子女能否享受抚恤金待遇？

关键词 供养亲属抚恤金领取

案情 某物流公司的一名职工发生重大交通事故死亡，被认定为工亡。由于公司没有为其缴纳社会保险费，因此需要承担所有的工亡待遇。在赔付职工亲属丧葬费和一次性工亡补助金后，该职工的妻子主张，自己与该职工结婚前与前夫所生的未成年子女，作为该职工的继子女，也应当领取供养亲属抚恤金。该职工妻子的说法对吗？

裁判 《工伤保险条例》第三十九条规定，"职工因工死亡，其近亲属按照下列规定从工伤保险基金领取丧葬补助金、供养亲属抚恤金和一次性工亡补助金：……（二）供养亲属抚恤金按照职工本人工资的一定比例发给由因工死亡职工生前提供主要生活来源、无劳动能力的亲属。……"

《因工死亡职工供养亲属范围规定》（劳动和社会保障部令第18号）第二条规定，"本规定所称因工死亡职工供养亲属，是指该职工的配偶、子女、父母、祖父母、外祖父母、孙子女、外孙子女、兄弟姐妹。本规定所称子女，包括婚生子女、非婚生子女、养子女和有抚养关系的继子女，其中，婚生子女、非婚生子女包括遗腹子女；……"第三条规定，"上条规定的人员，依靠因工死亡职工生前提供主要生活来源，并有下列情形之一的，可按规定申请供养亲属抚恤金：……（四）工亡职工子女未满18周岁的；……"

本案中，该工亡职工妻子在与他结婚前与前夫所生育的子女，在法律上称为继子女。继子女领取抚恤金，要符合以下两个条件：一是该继子女与工亡职工具有抚养关系，二是该继子女应当未年满18周岁。因此，应按这两个条件来判断该职工继子女是否可领取相关待遇。

75. 停工留薪期满后拒做劳动能力鉴定，单位能否终止劳动关系？

关键词 停工留薪期满拒做劳动能力鉴定

案情 王某于2013年3月1日进入某机械制造公司工作，劳动合同期限至2016年2月28日。2014年6月5日，王某在工作过程中发生事故伤害，被认定为工伤。事故发生后王某持续向公司开具病假单。在工伤事故发生满12个月后，公司向当地劳动能力鉴定委员会申请作是否需要延长停工留薪期的鉴定。2015年6月20日，劳动能力鉴定委员会确认王某不需要延长停工留薪期。但王某仍然继续向公司递交病假单。公司两次书面告知王某停工留薪期已满，请配合进行劳动能力鉴定，王某表示拒绝鉴定仍需治疗。之后，公司又多次催促王某进行劳动能力鉴定。2016年2月28日，公司以合同期满终止了双方的劳动关系。王某认为，由于工伤的原因，其一直处于治疗过程中，虽然停工留薪期不再延长，但实际仍有工伤的就医记录，其不去劳动能力鉴定的主张是合法的。在劳动能力鉴定结果出来前公司不能终止劳动合同。于是，王某以公司违法终止劳动关系为由向当地劳动人事争议仲裁委员会申请劳动仲裁，要求公司恢复劳动关系。

裁判

依据《工伤保险条例》规定，职工发生工伤，经治疗伤情相对稳定后存在残疾、影响劳动能力的，或者停工留薪期满（含劳动能力鉴定委员会确认的延长期限），工伤职工或者其用人单位应当及时向设区的市级劳动能力鉴定委员会提出劳动能力鉴定申请。

本案中，王某在享受完 12 个月的停工留薪期后，劳动能力鉴定委员会已经确认了其不需要再延长停工留薪期，那么王某享受的停工留薪期已满，王某应有义务进行劳动能力鉴定。由于劳动能力鉴定需要王某的配合，否则无法进行鉴定，在公司多次催促下王某仍未配合进行鉴定。公司已经履行了告知义务，王某并没有履行配合义务。虽然法律规定，工伤职工在停工留薪期内或者劳动能力鉴定结论尚未作出前，用人单位不能与其解除或者终止劳动关系。但因王某拒绝履行法定义务进行劳动能力鉴定导致了鉴定结论无法作出，故公司以劳动合同到期为由终止双方的劳动关系符合法律规定。

劳动人事争议仲裁委员会经审理后驳回了王某的请求。

76. 工伤不停工，在岗工资与停工留薪期工资是否可同时享受？

关键词 停工留薪期回单位上班

案情 2015 年 2 月 4 日，某公司职工李某骑自行车下班，不慎被一电动自行车撞倒，经医院诊断为膝关节半月板轻度损伤，后被当地工伤保险行政部门认定为工伤。医院对其采取非手术治疗，并出具治病 4 周的病假证明。4 周停工留薪期满后，李某又提出因伤病未愈再延长停工留薪期一个月的要求，公司未提出异议。

在肇事人向李某支付了民事伤害赔偿款后,李某于 2015 年 3 月 5 日结束了病假,回到单位上班。

2016 年 1 月,李某提出与公司解除劳动合同,按规定办理了终止劳动关系的手续。公司向李某支付了一次性伤残就业补助金;工伤保险经办机构向李某支付了一次性工伤医疗补助金。李某又提出,2015 年 3 月 5 日至 4 月 4 日为停工留薪期,公司应支付这一个月的停工留薪待遇。

公司认为,李某在 2015 年 3 月 5 日至 4 月 4 日期间已回到公司上班,公司已支付了其这一个月的工资,所以这段时间的停工留薪期实际是不存在的,因此无须支付相关的停工留薪期待遇。李某的要求没有事实和法律依据。

由此,李某与公司发生争议,并向当地劳动人事争议仲裁委员会提请仲裁。

裁判

《工伤保险条例》第三十三条规定,职工因工作遭受事故伤害或者患职业病需要暂停工作接受工伤医疗的,在停工留薪期内,原工资福利待遇不变,由所在单位按月支付。

设计停工留薪期待遇项目的立法本意,是为避免职工因工伤治疗期间不能工作且没有工资收入而采取的保障措施。停工留薪期限是根据职工实际伤病状态而确定的,最长不得超过 24 个月。如果对停工留薪期有争议,由劳动能力鉴定委员会组织专家进行确定。从逻辑上讲,对于停止工作没有工作报酬的要保留工资,而对于未停止工作、未停发工资的,无从保留。

综上,经劳动人事争议仲裁委员会仲裁,支持用人单位不支付李某 2015 年 3 月 5 日至 4 月 4 日期间的停工留薪待遇的处理决定。

77. 工伤职工因严重违纪被解除劳动合同，是否影响享受工伤待遇？

关键词　严重违纪被解除劳动合同

案情

吴某系某公司的职工，签有无固定期限劳动合同，并参加了各项社会保险。2013年5月3日，吴某在工作中不慎将手臂割伤，被认定为工伤，鉴定伤残等级为十级。工伤保险经办机构向吴某支付了一次性伤残补助金。此后，公司安排吴某在仓库从事库管工作。2014年10月，公司发现吴某私自将仓库物品卖与他人，并将所得收为己有。公司于2014年11月1日以吴某违反公司规章制度、严重违纪为由向吴某送达了解除劳动合同通知书。同月，吴某提起劳动争议仲裁，要求公司向其支付一次性伤残就业补助金。

公司认为，吴某因严重违纪被解除劳动合同，不属于劳动合同到期终止，也不属于本人提出解除劳动合同，因此不符合享受一次性伤残就业补助金的条件。

吴某认为，其虽然因违反公司的规章制度被解除劳动合同，但不能免除用人单位对于工伤职工应负的责任，公司应支付相应的工伤待遇。

裁判

《工伤保险条例》第三十七条明确了职工因工致残被鉴定七级至十级伤残应享受的工伤待遇。

《工伤保险条例》第四十二条规定，"工伤职工有下列情形之一的,停止享受工伤保险待遇:（一）丧失享受待遇条件的；（二）拒不接受劳动能力鉴定的；（三）拒绝治疗的。"其中并没有违纪解除的条款，因此，公司对于吴某不符合享受一次性伤残就业补助金的说法存在误区。工伤职工违反用人单位的规章制度，用人单位有权与之解除劳动合同，但解除劳动合同并不能改变职工发生工伤的事实，也不能因此而免除工伤职工应享受的工伤待遇。

劳动人事争议仲裁委员会最终支持了吴某要求公司支付一次性伤残就业补助金的请求。

78. 工伤职工因单位终止劳动合同，能否同时获得工伤待遇和经济补偿？

关键词 经济补偿

案情

2009年3月1日，冯某入职某公司从事井下采矿工作。2015年6月16日，冯某在井下作业时因工作遭受事故伤害，后经当地社会保险行政部门认定为工伤，经劳动能力

鉴定委员会鉴定为八级伤残。2017年2月28日，因双方签订的劳动合同期限届满，公司终止与冯某的劳动合同并依法支付了冯某的全部工伤待遇，但拒绝支付冯某提出的终止劳动合同经济补偿的要求。于是，冯某申请了劳动争议仲裁。

公司认为，依据《中华人民共和国劳动合同法》第四十五条规定，工伤职工劳动合同的终止是按照国家有关工伤保险的规定执行。而《工伤保险条例》规定，劳动合同期满的，单位可以终止工伤职工劳动合同，但未规定要支付经济补偿。公司已经支付了一次性伤残就业补助金，如再支付经济补偿，违背了"一事二罚"的原则。

冯某则认为，《工伤保险条例》虽未明确规定要支付经济补偿，但《中华人民共和国劳动合同法》第四十六条、第四十七规定了劳动合同期满终止劳动合同应当支付经济补偿。因此，一次性伤残就业补助金和经济补偿可以兼得。

裁判

本案中，公司混淆了一次性伤残就业补助金和经济补偿两个不同的法律关系。

一次性伤残就业补助金是工伤待遇，是对工伤职工丧失劳动能力而影响就业的一种补偿，属于《工伤保险条例》的调整范畴。经济补偿是解除或者终止劳动合同时对劳动者在本单位工作年限的经济补偿，属于《中华人民共和国劳动合同法》的调整范畴。《劳动合同法实施条例》第二十三条规定，"用人单位依法终止工伤职工的劳动合同的，除依照劳动合同法第四十七条的规定支付经济补偿外，还应当依照国家有关工伤保险的规定支付一次性工伤医疗补助金和伤残就业补助金。"故工伤职工劳动合同终止，一次性伤残就业补助金和经济补偿可以兼得。

劳动人事争议仲裁委员会支持了冯某的仲裁请求。

79. 职工工伤期间，被用人单位任意解除劳动合同，能否同时获得工伤待遇和赔偿金？

关键词 赔偿金

案情

刘某从 2004 年 7 月起一直在某公司工作，公司未为其参加工伤保险。2014 年 3 月 22 日，刘某在上班途中因发生交通事故而受伤。2015 年 4 月 29 日，当地社会保险行政部门认定刘某为工伤。2015 年 7 月 22 日，公司在未与刘某协商的情况下，以与刘某协商一致的名义，单方办理了解除劳动合同关系的手续。2015 年 8 月 25 日，刘某被鉴定为八级伤残。2016 年 2 月 4 日，刘某申请劳动争议仲裁，要求公司除了支付一次性工伤保险待遇外，还支付违法解除劳动合同的赔偿金。

公司辩称，刘某发生交通事故后，没有到单位请假，属于自行离职，故公司才以协商一致的名义解除劳动合同。而且 2015 年 9 月 5 日，单位还发出书面通知，再次要求刘某回单位上班，刘某接到通知后既未办理任何手续也未上班，因此，双方解除劳动合同的事实成立，刘某主张赔偿金缺乏事实及法律依据。

裁判

为了保护工伤职工，《中华人民共和国劳动合同法》和《工伤保险条例》均有特殊规定。《中华人民共和国劳动合同法》第四十二条第（二）项规定，劳动者在本单位患职业病或者因工负伤并被确认丧失或者部分丧失劳动能力的，用人单位不得依照该法第四十条、第四十一条的规定解除劳动合同。《工伤保险条例》第三十七条第（二）项规定，职工因工致残被鉴定为七级至十级伤残的，劳动、聘用合同期满终止，或者职工本人提出解除劳动、聘用合同的，由工伤保险基金支付一次性工伤医疗补助金，由用人单位支付一次性伤残就业补助金。上述规定说明，职工发生工伤后，只要不出现《中华人民共和国劳动合同法》第三十九条规定的严重过错情形，用人单位不得解除劳动合同。职工因工致残被鉴定为七级至十级伤残的，也需劳动合同期满终止，或者职工本人提出解除劳动合同的，用人单位才可解除。

　　本案中，刘某已被认定为工伤，公司却在刘某尚处于停工留薪期、尚未作出劳动能力鉴定结论之前，在未与刘某协商一致的情况下，就以协商一致的名义单方解除劳动合同，已构成违法解除劳动合同。且公司没有在刘某伤愈后通知其上班，而是在解除劳动合同后再催告其上班，这一行为明显无效。

　　劳动人事争议仲裁委员会裁决公司除支付刘某一次性工伤保险待遇外，还要支付其违法解除劳动合同的赔偿金。

80. 职工自己砍掉手指头骗领工伤待遇，被依法追究刑事责任

 虚构工伤构成诈骗罪

何某在某饺子馆任厨师。2015年11月3日21时许，何某在厨房剁羊肉馅时，故意将自己左手食指的指尖砍下。

而后向老板张某及店内其他工作人员谎称自己是在工作过程中误伤手指，要求赔偿。老板张某信以为真，积极支付了何某住院期间产生的医药费、生活费共计人民币24 850.29元。2015年11月20日，张某又与何某达成调解协议，另外再赔偿101 000元，双方约定了履行期限。事后，张某通过回看店内监控视频，发现何某自己切指尖的过程，马上向公安机关报了案。2015年12月2日，何某被传唤到案。

裁判　　《全国人民代表大会常务委员会关于〈中华人民共和国刑法〉第二百六十六条的解释》规定，以欺诈、伪造证明材料或者其他手段骗取养老、医疗、工伤、失业、生育等社会保险金或者其他社会保障待遇的，属于刑法第二百六十六条规定的诈骗公私财物的行为。

　　法院经审理认为，何某以非法占有为目的，虚构事实诈骗他人财物，数额巨大，其行为已构成诈骗罪。根据其他量刑情节，最终判决何某犯诈骗罪，判处有期徒刑三年，宣告缓刑三年，并处罚金人民币10 000元。

81. 职工自己摔倒谎报工伤，骗领工伤待遇构成诈骗罪

关键词　谎报工伤构成诈骗罪

案情　　2014年2月24日，吉某与某公司签订劳动合同，约定实行不定时工作制，但公司未为吉某参加社会保险。2014年11月18日，吉某驾驶货车送货后返回。当日晚，吉某骑摩托车载王某、雷某外出就餐饮酒，返回至公司仓库门口停放车辆时摔倒受伤。后吉某谎称该伤情为上班送货期间摔倒造成的，公司向其支付医

药费 44 251.28 元、工资 12 000 元。后公司得知事情真相，向公安机关报案。

裁判

法院经审理认为，吉某存在非法占有的故意，采用隐瞒事实真相的方法，谎报受伤时间，将本应自己承担的费用转嫁他人，已经实际骗取单位钱款，数额较大，符合诈骗罪的构成要件，其行为已构成诈骗罪。公司违反法律的强制性规定，未依法为吉某缴纳社会保险，且公司在吉某受伤时亦应支付一定的病假工资。根据吉某住院期间的医药费明细、发票和出院小结，其正常医保统筹支付的金额应为 21 757.45 元，其余为自付金额。根据吉某的入职时间、休病假时间及工资情况，公司应支付给其的病假工资应为 5 040 元。因此，依照《中华人民共和国刑法》第二百六十六条、第三十七条、第六十四条的规定，判决吉某犯诈骗罪，根据其他量刑情节，免予刑事处罚，对吉某未退出的违法所得继续予以追缴。

第六章

工伤保险责任典型案例

《工伤保险条例》

第四十三条　用人单位分立、合并、转让的，承继单位应当承担原用人单位的工伤保险责任；原用人单位已经参加工伤保险的，承继单位应当到当地经办机构办理工伤保险变更登记。

用人单位实行承包经营的，工伤保险责任由职工劳动关系所在单位承担。

职工被借调期间受到工伤事故伤害的，由原用人单位承担工伤保险责任，但原用人单位与借调单位可以约定补偿办法。

企业破产的，在破产清算时依法拨付应当由单位支付的工伤保险待遇费用。

第四十四条　职工被派遣出境工作，依据前往国家或者地区的法律应当参加当地工伤保险的，参加当地工伤保险，其国内工伤保险关系中止；不能参加当地工伤保险的，其国内工伤保险关系不中止。

第六十六条　无营业执照或者未经依法登记、备案的单位以及被依法吊销营业执照或者撤销登记、备案的单位的职工受到事故伤害或者患职业病的，由该单位向伤残职工或者死亡职工的近亲属给予一次性赔偿，赔偿标准不得低于本条例规定的工伤保险待遇；用人单位不得使用童工，用人单位使用童工造成童工伤残、死亡的，由该单位向童工或者童工的近亲属给予一次性赔偿，赔偿标准不得低于本条例规定的工伤保险待遇。具体办法由国务院社会保险行政部门规定。

前款规定的伤残职工或者死亡职工的近亲属就赔偿数额与单位发生争议的，以及前款规定的童工或者童工的近亲属就赔偿数额与单位发生争议的，按照劳动争议的有关规定处理。

要点释义

　　劳动合同用工是我国企事业单位的基本用工形式。按照《中华人民共和国劳动合同法》有关规定，用人单位自用工之日起即与劳动者建立劳动关系。一般情况下，职工只有一个工作单位，承担工伤保险责任的用人单位是工伤发生时职工的工作单位；但在特殊情况下，工伤发生时与职工存在劳动关系的单位有两个以上或者没有，这时就需要正确确定承担工伤保险责任的用人单位，现实中常见的有以下几种特别情况：

　　◆用人单位发生分立、合并、转让的，承继单位应当承担原用人单位的工伤保险责任。

　　◆用人单位实行承包经营的，由职工劳动关系所在单位承担工伤保险责任。

　　◆职工被借调的，由原用人单位承担工伤保险责任。

　　◆企业破产的，在破产清算时依法拨付应当由单位支付的工伤保险待遇费用。

　　◆职工被派遣出境工作的，按工伤保险关系所在国家或地区情况处理。

　　◆双重或多重就业受到工伤事故伤害的，由职工受到伤害时为之工作的单位承担工伤保险责任。

　　◆职工被劳务派遣的，由派遣单位承担工伤保险责任。

　　◆职工被指派到其他单位工作的，指派单位承担工伤保险责任。

　　◆内退、停薪留职、待岗、停产等特殊人员到新单位工作的，由新单位承担工伤保险责任。

　　◆违法转包的，由具备用工主体资格的承包单位承担工伤保险责任。

　　◆个人挂靠经营，其聘用的人员因工伤亡的由被挂靠单位承担工伤保险责任。

◆非全日制用工的，由用人单位承担工伤保险责任。

◆非法用工的，应按照《工伤保险条例》第六十六条和《非法用工单位伤亡人员一次性赔偿办法》（人力资源和社会保障部令第9号）规定，由单位向伤亡人员或其近亲属给予一次性赔偿。

延伸阅读

●**《实施〈中华人民共和国社会保险法〉若干规定》（人力资源和社会保障部令第13号）**

第九条 职工（包括非全日制从业人员）在两个或者两个以上用人单位同时就业的，各用人单位应当分别为职工缴纳工伤保险费。职工发生工伤，由职工受到伤害时工作的单位依法承担工伤保险责任。

●**《最高人民法院关于审理工伤保险行政案件若干问题的规定》（法释〔2014〕9号）**

第三条 社会保险行政部门认定下列单位为承担工伤保险责任单位的，人民法院应予支持：

（一）职工与两个或两个以上单位建立劳动关系，工伤事故发生时，职工为之工作的单位为承担工伤保险责任的单位；

（二）劳务派遣单位派遣的职工在用工单位工作期间因工伤亡的，派遣单位为承担工伤保险责任的单位；

（三）单位指派到其他单位工作的职工因工伤亡的，指派单位为承担工伤保险责任的单位；

（四）用工单位违反法律、法规规定将承包业务转包给不具备用工主体资格的组织或者自然人，该组织或者自然人聘用的职工从事承包业务时因工伤亡的，用工单位为承担工伤保险责任的单位；

（五）个人挂靠其他单位对外经营，其聘用的人员因工伤亡的，被挂靠单位为承担工伤保险责任的单位。

前款第（四）、（五）项明确的承担工伤保险责任的单位承担赔偿责任或者社会保险经办机构从工伤保险基金支付工伤保险待遇后，有权向相关组织、单位和个人追偿。

● **《劳务派遣暂行规定》（人力资源和社会保障部令第 22 号）**

第十条　被派遣劳动者在用工单位因工作遭受事故伤害的，劳务派遣单位应当依法申请工伤认定，用工单位应当协助工伤认定的调查核实工作。劳务派遣单位承担工伤保险责任，但可以与用工单位约定补偿办法。

被派遣劳动者在申请进行职业病诊断、鉴定时，用工单位应当负责处理职业病诊断、鉴定事宜，并如实提供职业病诊断、鉴定所需的劳动者职业史和职业危害接触史、工作场所职业病危害因素检测结果等资料，劳务派遣单位应当提供被派遣劳动者职业病诊断、鉴定所需的其他材料。

第十八条　劳务派遣单位跨地区派遣劳动者的，应当在用工单位所在地为被派遣劳动者参加社会保险，按照用工单位所在地的规定缴纳社会保险费，被派遣劳动者按照国家规定享受社会保险待遇。

第十九条　劳务派遣单位在用工单位所在地设立分支机构的，由分支机构为被派遣劳动者办理参保手续，缴纳社会保险费。

劳务派遣单位未在用工单位所在地设立分支机构的，由用工单位代劳务派遣单位为被派遣劳动者办理参保手续，缴纳社会保险费。

● **《中华人民共和国劳动合同法》**

第三十三条　用人单位变更名称、法定代表人、主要负责人或者投资人等事项，不影响劳动合同的履行。

第三十四条　用人单位发生合并或者分立等情况，原劳动合同继续有效，劳动合同由承继其权利和义务的用人单位继续履行。

第五十八条　劳务派遣单位是本法所称用人单位，应当履行用人单位对劳动者的义务。劳务派遣单位与被派遣劳动者订立的劳动合同,除应当载明本法第十七条规定的事项外,还应当载明被派遣劳动者的用工单位以及派遣期限、工作岗位等情况。

第九十二条 违反本法规定,未经许可,擅自经营劳务派遣业务的,由劳动行政部门责令停止违法行为,没收违法所得,并处违法所得一倍以上五倍以下的罚款;没有违法所得的,可以处五万元以下的罚款。

劳务派遣单位、用工单位违反本法有关劳务派遣规定的,由劳动行政部门责令限期改正;逾期不改正的,以每人五千元到一万元的标准处以罚款,对劳务派遣单位,吊销其劳务派遣业务经营许可证。用工单位给被派遣劳动者造成损害的,劳务派遣单位与用工单位承担连带赔偿责任。

● **《中华人民共和国企业破产法》**

第一百一十三条 破产财产在优先清偿破产费用和共益债务后,依照下列顺序清偿:

(一)破产人所欠职工的工资和医疗、伤残补助、抚恤费用,所欠的应划入职工个人账户的基本养老保险、基本医疗保险费用,以及法律、行政法规规定应当支付给职工的补偿金;

(二)破产人欠缴的除前项规定以外的社会保险费用和破产人所欠税款;

(三)普通破产债权。

破产财产不足以清偿同一顺序的清偿要求的,按照比例分配。

破产企业的董事、监事和高级管理人员的工资按照该企业职工的平均工资计算。

● **《最高人民法院关于审理劳动争议案件适用法律若干问题的解释(三)》(法释〔2010〕12号)**

第八条 企业停薪留职人员、未达到法定退休年龄的内退人员、下岗待岗人员以及企业经营性停产放长假人员,因与新的用人单位发生用工争议，依法向人民法院提起诉讼的，人民法院应当按劳动关系处理。

● **《人力资源社会保障部关于执行〈工伤保险条例〉若干问题的意见》（人社部发〔2013〕34号）**

七、具备用工主体资格的承包单位违反法律、法规规定，将承包业务转包、分包给不具备用工主体资格的组织或者自然人，该组织或者自然人招用的劳动者从事承包业务时因工伤亡的，由该具备用工主体资格的承包单位承担用人单位依法应承担的工伤保险责任。

● **《关于非全日制用工若干问题的意见》（劳社部发〔2003〕12号）**

12.用人单位应当按照国家有关规定为建立劳动关系的非全日制劳动者缴纳工伤保险费。从事非全日制工作的劳动者发生工伤，依法享受工伤保险待遇；被鉴定为伤残5~10级的，经劳动者与用人单位协商一致，可以一次性结算伤残待遇及有关费用。

● **《非法用工单位伤亡人员一次性赔偿办法》（人力资源和社会保障部令第9号）**

第二条 本办法所称非法用工单位伤亡人员，是指无营业执照或者未经依法登记、备案的单位以及被依法吊销营业执照或者撤销登记、备案的单位受到事故伤害或者患职业病的职工，或者用人单位使用童工造成的伤残、死亡童工。

前款所列单位必须按照本办法的规定向伤残职工或者死亡职工的近亲属、伤残童工或者死亡童工的近亲属给予一次性赔偿。

典型案例

82. 职工与两个单位建立劳动关系，发生工伤事故谁来担责？

关键词 在两个用人单位同时就业

案情 李某原系某工贸公司的职工，2015年1月至3月的社会保险费由工贸公司缴纳，双方于2015年3月30日解除劳动关系。李某与某玻璃公司于2015年3月1日签订为期一年的劳动合同，玻璃公司为李某缴纳了2015年4月至10月的社会保险费。2015年3月26日8时许，李某在玻璃公司工作时发生事故。当地社会保险行政部门认定李某为工伤，由玻璃公司承担李某的工伤保险责任。但玻璃公司拒不支付李某有关的工伤保险待遇，李某向法院提起诉讼。

裁判 法院经审理认为，依据《实施〈中华人民共和国社会保险法〉若干规定》（人力资源和社会保障部令第13号）第九条规定"职工在两个或者两个以上用人单位同时就业的，各用人单位应当分别为职工缴纳工伤保险费。职工发生工伤，由职工受到伤害时工作的单位依法承担工伤保险责任"；《最高人民法院关于审理工伤保险行政案件若干问题的规定》（法释〔2014〕9号）第三条规定，"社会保险行政部门认定下列单位为承担工伤保险责任单位的，人民法院应予支持：（一）职工与两个或两个以上单位建立劳动关系，工伤事故发生时，职工为之工作的单位为承担工伤保险责任的单位；……"《工伤保险条例》第六十二条规定，"依照本条例规定应当参加工伤保险而未参加工伤保险的用人单位职工发生工伤的，由该用人单位按照本条例规定的工伤保险待遇项目和标准支付费用"。本案中，李某于 2015 年 3 月 26 日在玻璃公司工作并发生工伤事故，此时李某与工贸公司尚未解除劳动合同关系，属于在两个用人单位同时就业，各用人单位应当分别为职工缴纳工伤保险费。工贸公司为李某缴纳了 2015 年 3 月的社会保险费，但是玻璃公司未缴纳 2015 年 3 月的社会保险费。因此，玻璃公司作为职工受到伤害时的工作单位和未缴纳社会保险费的单位，应依法承担工伤保险责任，支付有关工伤保险待遇。

83. 劳务派遣职工发生工伤，谁来担责？

关键词　劳务派遣

2014 年 11 月，张某与某劳务派遣公司订立劳动合同，约定将张某派遣至某石英厂，从事操作工工作。2015 年 1 月，张某在上班时因机器故障被掉落的石头砸伤右脚，被认定为工伤，鉴定为九级伤残。石英厂支付了部分住院治疗费用后，不愿意继续承担后续治疗费用，让张某去找劳务派遣公司。在与劳务派遣公司协商未果的情况下，张某申请劳动争议仲裁，要求劳务派遣公司和石英厂支付各项工伤赔偿合计 10 万余元。

石英厂辩称，劳务派遣公司与张某订立劳动合同，是张某的用人单位，应当承担张某的工伤赔偿。劳务派遣公司辩称，自己与石英厂签订的派遣协议上约定，被派遣职工在石英厂工作期间发生工伤，工伤保险待遇由石英厂承担，所以劳务派遣公司不应当承担。

裁判

《中华人民共和国劳动合同法》第五十八条规定，"劳务派遣单位是本法所称用人单位，应当履行用人单位对劳动者的义务……"《最高人民法院关于审理工伤保险行政案件若干问题的规定》（法释〔2014〕9号）第三条第（二）项规定，"劳务派遣单位派遣的职工在用工单位工作期间因工伤亡的，派遣单位为承担工伤保险责任的单位。"《工伤保险条例》第六十二条第二款规定，"依照本条例规定应当参加工伤保险而未参加工伤保险的用人单位职工发生工伤的，由该用人单位按照本条例规定的工伤保险待遇项目和标准支付费用"。

本案中，劳务派遣公司是张某的用人单位，石英厂是张某的用工单位。劳务派遣公司作为用人单位，应当依法为张某参加工伤保险。在未依法为张某参加工伤保险的情况下，劳务派遣公司应当承担张某的工伤赔偿责任。

《劳务派遣暂行规定》第十条规定，劳务派遣单位承担工伤保险责任，但可以与用工单位约定补偿办法。《中华人民共和国劳动合同法》第九十二条规定，用工单位给被派遣劳动者造成损害的，劳务派遣单位与用工单位承担连带赔偿责任。

本案中，劳务派遣公司与石英厂签订的劳务派遣协议只能约束派遣协议的双方，并不能用来对抗张某的诉求。但劳务派遣公司可依据劳务派遣协议，向石英厂索赔。

最终经调解仲裁，石英厂和劳务派遣公司共同支付张某工伤赔偿9万元。

84. 用工单位未依法为劳动者代缴社会保险费，派遣单位和用工单位承担连带赔偿责任

关键词 异地劳务派遣单位未在用工单位所在地设立分支机构

案情 2014年1月1日，华联公司与外包公司签订了《保安管理服务合同》，约定外包公司负责华联公司的安保服务项目。方某于2014年1月18日应聘进入外包公司上班，双方之间并未签订书面的劳动合同。外包公司将其安排至华联公司从事保安工作，每月工资为1 600元。2014年7月25日14时许，方某在华联公司工作时突然倒地猝死，被当地社会保险行政部门认定为视同工伤。那么，应该由谁来承担方某的工伤保险责任呢？

裁判 用人单位以承揽、外包等名义，按照劳务派遣用工形式使用劳动者的，按照《劳务派遣暂行规定》处理。《劳务派遣暂行规定》第十条规定，劳务派遣单位承担工伤保险责任，但可以与用工单位约定补偿办法。《劳务派遣暂行规定》第十九条规定，劳务派遣单位未在用工单位所在地设立分支机构的，由用工单位代劳务派遣单位为被派遣劳动者办理参保手续，缴纳社会保险费。《中华人民共和国劳动合同法》第九十二条规定，用工单位给被派遣劳动者造成损害的，劳务派遣单位与用工单位承担连带赔偿责任。

本案中，外包公司以劳务外包名义派遣方某至华联公司工作。方某因工死亡，根据生效仲裁裁决书的认定，方某与外包公司之间存在事实劳动关系，与华联公司之间按劳务派遣关系处理。外

包公司未在华联公司所在地设立分支机构，故依法应由接受劳务派遣的华联公司代外包公司为方某办理参保手续，缴纳社会保险费。因华联公司存在过错，并未为方某参加工伤保险，加大了方某亲属的维权成本。故外包公司与华联公司应对方某因工死亡承担连带赔偿责任。

85. 公司合并，工伤待遇会"泡汤"吗？

关键词　用人单位合并

案情

杨某于 2015 年 8 月 15 日在工作时右臂不慎被机器挤压挫伤。杨某所在公司未为杨某参加工伤保险。2015 年 9 月初，公司因经营不善，与同行业的另外一家公司合并。2015 年 9 月末，杨某被当地社会保险行政部门认定为工伤，后经劳动能力鉴定委员会鉴定为九级伤残。杨某找到合并后的新公司要求解除劳动合同，并支付相关的工伤待遇。新公司称，杨某的工伤是在原公司发生的，拒绝支付相关的工伤待遇。杨某遂到当地劳动人事争议仲裁委员会提出仲裁申请，要求合并后的新公司支付一次性伤残补助金和一次性工伤医疗补助金、一次性伤残就业补助金。

裁判

劳动人事争议仲裁委员会经审理认为，《工伤保险条例》第四十三条第一款规定，用人单位分立、合并、转让的，承继单位应当承担原用人单位的工伤保险责任。本案中，原公司未为杨某参加工伤保险，杨某发生工伤后，合并后的新公司理应支付相关的工伤待遇。合并后的新公司以工伤发生在原公司为由，拒绝支付相关的工伤待遇是错误的。最终裁决合并后的新公司支付杨某一次性伤残补助金、一次性工伤医疗补助金和一次性伤残就业补助金等相关工伤待遇。

86. 用人单位转让后，工伤保险责任该由谁来承担？

关键词 用人单位转让

案情 严某是某物流公司的职工，与公司签订的是无固定期限劳动合同。一日，严某在搬运货物时，被从高空坠落的货物砸伤，后被当地社会保险行政部门认定为工伤。事故发生后，由于无法为严某安排适当工作，物流公司按月发给其伤残津贴。后来，物流公司发生资产转让，承继单位为一家贸易公司，但贸易公司通知严某，不再给他发放伤残津贴，也不安排工作。严某向当地劳动人事争议仲裁委员会申请仲裁。

裁判 贸易公司认为，严某的工伤是在物流公司发生的，与自己无关，自己不应再继续承担其工伤待遇。

劳动人事争议仲裁委员会认为，依据《工伤保险条例》第四十三条第一款规定，用人单位分立、合并、转让的，承继单位应当承担原用人单位的工伤保险责任。严某在物流公司工作时受伤且已被认定为工伤，物流公司转让后，承继单位即贸易公司在承继物流公司资产的同时，也应承担其工伤职工的工伤保险责任。因此，严某的工伤虽然是在物流公司发生的，作为承继单位的贸易公司也应继续支付他的工伤待遇。劳动人事争议仲裁委员会作出裁决后，贸易公司最终同意继续支付严某的工伤待遇。

87. 用人单位实行承包经营的，职工劳动关系所在单位承担工伤保险责任

关键词 用人单位实行承包经营的

案情 某园林宾馆将经营权租赁给某置业公司。置业公司先后与关某及其母亲何某分别签订了园林宾馆的承包经营协议和租赁经营协议，以园林宾馆名义对外经营。夏某于2010年12月3日经关某招聘入职，双方没有签订书面劳动合同。后夏某发生工伤，对夏某的工伤保险责任问题各方发生争议，夏某申请劳动争议仲裁。

裁判 《工伤保险条例》第四十三条第二款规定，用人单位实行承包经营的，工伤保险责任由职工劳动关系所在单位承担。

劳动关系既具有合同法律关系的属性，也是一种法定的法律关系。当事人之间权利义务的内容，不仅取决于双方的约定，还取决于劳动法律法规的强制性规定。

本案中，虽然夏某的直接用工主体是关某与何某而不是园林宾馆，但园林宾馆以承包经营和经营权租赁的形式，将自身经营权有偿提供给关某和何某使用，由其对外以园林宾馆的名义开展经营活动，园林宾馆既从本案用工事实中获得了利益，也为关某和何某直接用工的事实提供了法律上的便利，应当承担起用工主体的相应责任。园林宾馆、置业公司与关某、何某之间关于承包经营和租赁经营的约定，是其彼此之间的内部约定，该约定并不具有排除夏某和园林宾馆之间属于劳动关系的效力，故园林宾馆与夏某之间构成劳动关系，园林宾馆应承担夏某的工伤保险责任。

最终，劳动人事争议仲裁委员会裁决确认夏某与园林宾馆存在劳动关系，园林宾馆向夏某支付工伤赔偿金6万余元。

88. 职工被借调期间发生工伤事故，应由谁来承担工伤保险责任？

关键词 职工被借调期间

案情 林某是甲公司的一名员工，因业务需要，甲公司的合作伙伴乙公司将林某借调到其处工作。甲公司与乙公司书面约定林某借调期间的工资及社会保险由乙公司负责解决并承担责任。乙公司与林某书面约定借调期间公司不为林某参加工伤保险，但适当提高工资。

一日，林某在乙公司工作期间受伤，当地社会保险行政部门认定其为工伤，且由甲公司承担工伤保险责任。甲公司不服，向法院提起诉讼。

裁判 甲公司认为，案发时林某已借调到乙公司工作，且约定由乙公司为林某办理工伤保险参保手续，乙公司未予办理，故应由乙公司支付林某的工伤待遇。

当地社会保险行政部门认为，《工伤保险条例》第四十三条第三款规定，职工被借调期间受到工伤事故伤害的，由原用人单位承担工伤保险责任，但原用人单位与借调单位可以约定补偿办法。本案中，林某虽已借调到乙公司工作，但仍与甲公司保持劳动关系，甲公司和乙公司签订的协议并不能免除甲公司对林某应承担的工伤保险责任。乙公司虽与林某签订了不参加工伤保险的协议，但该协议违反了用人单位必须为职工参加工伤保险的法律强制性规定，应属无效。综上，甲公司可以与乙公司约定补偿办法，但甲公司不得拒绝承担对林某的工伤保险责任。

法院经审理，最终判决甲公司和乙公司连带赔偿林某各项工伤待遇30多万元。

89. 职工被指派期间发生工伤事故,应由谁来承担工伤保险责任?

关键词 职工被指派到其他单位工作

案情 2017年3月,韩某入职一家贸易公司,任技术总监。2018年5月,贸易公司法定代表人张某朋友的公司因技术上遇到难题,找张某求助。于是,张某指派韩某去其朋友的公司帮忙三天。韩某在去帮忙的第二天,工作间隙上厕所滑倒受伤且被认定为工伤。韩某索要工伤赔付,可两家公司互相推诿,谁都不愿担责。那么,韩某的工伤应由谁来承担工伤保险责任呢?

裁判 《最高人民法院关于审理工伤保险行政案件若干问题的规定》(法释〔2014〕9号)第三条第(三)项规定,单位指派到其他单位工作的职工因工伤亡的,指派单位为承担工伤保险责任的单位。本案中,韩某受贸易公司法定代表人张某的指派前往其朋友的公司临时工作三天,双方的劳动合同并未终止,韩某仍与贸易公司保持劳动关系,而工伤保险是基于劳动关系而存在的。因此,韩某所受工伤,依法应由贸易公司承担工伤保险责任。

90. 企业破产,工伤职工还能否享受工伤待遇?

关键词 企业破产

案情 方某是某物业管理公司的一名职工。一日,方某在下班途中遭遇车祸,经医院抢救无效于次日死亡。事故发生后,公司向当地社会保险行政部门提交了工伤认定申请,社会保险行政部门调

查后作出认定方某死亡属于工伤的决定。接到工伤认定决定不久,公司便由于严重亏损、资不抵债而依法被宣告破产。方某的亲属认为,方某的工伤发生在公司破产之前,公司应支付工伤保险待遇。公司拒绝了方某亲属的诉求。方某亲属向当地劳动人事争议仲裁委员会申请仲裁。

裁判

公司认为,企业破产完成注销登记后便失去主体资格,不再具备支付工伤保险待遇的条件,因此不应再支付方某的工伤保险待遇。

劳动人事争议仲裁委员会审理后认为,《工伤保险条例》第四十三条第四款规定,"企业破产的,在破产清算时依法拨付应当由单位支付的工伤保险待遇费用。"《中华人民共和国企业破产法》第一百一十三条规定:"破产财产在优先清偿破产费用和共益债务后,依照下列顺序清偿:(一)破产人所欠职工的工资和医疗、伤残补助、抚恤费用,所欠的应当划入职工个人账户的基本养老保险、基本医疗保险费用,以及法律、行政法规规定应当支付给职工的补偿金;……"本案中,方某的死亡已被社会保险行政部门认定为工伤,虽然其所在公司破产,但依据法律规定,企业在破产清算时要依法拨付应当由单位支付的工伤保险待遇费用。因此,公司应支付方某的亲属相关工伤保险待遇。

91. 公司注销，工伤待遇由谁来承担？

关键词 组织公司清算过程中未考虑工伤职工待遇

案情

邹某系某电器公司职工。2007年3月23日，邹某在工作过程中不慎受伤。2007年12月4日，当地社会保险行政部门认定邹某为工伤。事故发生后，公司支付了邹某的医疗费以及2007年4月17日至7月底的护理费、营养费3 180元。孙某、刘某系公司的股东，公司经股东会决议解散，于2008年2月19日申请注销。2008年6月30日，劳动能力鉴定委员会鉴定邹某的伤残等级为十级。邹某向法院提起诉讼，要求孙某、刘某支付工伤待遇。

裁判

法院认为，2007年3月23日邹某于工作期间受伤，并已于同年12月4日被认定为工伤，即依法享有工伤保险待遇。工伤等级鉴定结果是确定工伤保险待遇具体内容的主要依据，工伤等级鉴定结果未出，虽然无法确定工伤保险待遇的具体内容和数额，但并不影响工伤保险待遇的发生。依据《工伤保险条例》规定，用人单位未参加工伤保险，应由用人单位按照国家的有关标准承担工伤职工的工伤保险待遇。因公司被注销时主体资格已灭失，故邹某不能以公司为被告起诉。孙某、刘某作为公司原股东及公司清算组的成员,应依法履行法定义务。依据《中华人民共和国公司法》第一百八十九条的规定,清算组成员因故意或者重大过失给公司或者债权人造成损失的,应当承担赔偿责任。本案中,二人已知邹某遭受工伤,故在清算过程中应当考虑到邹某工伤待遇的给付问题,但仍然遗漏,给邹某的利益造成了重大损失,应认定为重大过失,二人应对邹某的损失进行赔偿。

法院经审理,判决孙某、刘某赔偿邹某34 523.68元,二人对上述款项互负连带给付责任。

92. 职工认定工伤后,用人单位注销,公司出资人应支付工伤待遇吗?

关键词 用人单位注销由其原法定代表人承担工伤赔偿责任

案情 蔡某为某针织公司职工。公司未与蔡某签订劳动合同,未为蔡某缴纳社会保险费。侯某系公司的法定代表人及独立股东。2016年10月的一天,蔡某下班回家时发生交通事故,不承担主要责任。事后,蔡某提出工伤认定申请并被认定为工伤,劳动能力鉴定伤残等级为七级,无生活自理障碍。公司于2017年9月6日自行注销。在此之前,蔡某曾就工伤待遇问题与公司多次协商未果。公司注销后,蔡某提起仲裁申请,以公司和侯某为被申请人,要求支付一次性伤残补助金、一次性工伤医疗补助金、一次性伤残就业补助金和医药费等。

裁判 《工伤保险条例》第六十二条规定,依照条例规定应当参加工伤保险而未参加工伤保险的用人单位职工发生工伤的,由用人单位按照条例规定的工伤保险待遇项目和标准支付费用。本案中,公司在与蔡某劳动关系存续期间未给蔡某缴纳社会保险费，则其相关的工伤保险待遇应由公司支付。但公司于2017年9月6日注销，其作为用人单位的法律主体资格已经灭失，承担相关的工伤待遇赔偿责任已无可能。

《劳动人事争议仲裁办案规则》第六条规定，发生争议的用人单位未办理营业执照、被吊销营业执照、营业执照到期继续经营、被责令关闭、被撤销以及用人单位解散、歇业，不能承担相关责任的，应当将用人单位和其出资人、开办单位或者主管部门作为共同当事人。因此，在公司注销营业执照的情况下，公司和出资人侯某应列为本案的共同当事人。

公司在其注销之前，已知悉蔡某遭受工伤的相关事宜。公司在未能与蔡某就工伤待遇问题达成和解的情况下注销，未及时通知蔡某，更未就工伤待遇事宜作出任何沟通。由此可见，公司和其法定代表人侯某在单位注销时存在一定的恶意，以规避其应承担的工伤待遇法律责任。因此，应由公司原法定代表人（亦是公司的出资人和独立股东）侯某承担相应的工伤赔偿责任。

劳动人事争议仲裁委员会最终裁决，由第二被申请人侯某向蔡某支付医疗费、一次性伤残补助金等工伤待遇。

93. 职工在境外工作时受伤，可否认定工伤，享受工伤保险待遇？

关键词 职工被派遣出境工作

案情 罗某某系J市某建设集团公司木工。2015年10月5日，罗某某在公司承建的刚果（金）金沙萨FIKIN现代城项目工地工作时，不慎从3米高外架上坠落摔伤，被诊断为：第1腰椎压缩性骨折。2016年9月26日，罗某某向J市社会保险行政部门提出工伤认定申请，社会保险行政部门受理后，向建设集团公司送达了举证通知书，公司在法定时间内未提供书面反馈意见。社会保险行政部门依据诊断证明、出国劳务合同、项目部出具的工伤情况说明等证据，确定事发经过后，依据《工伤保险条例》第十四条第（一）项规定，认定罗某某为工伤。

> 裁判

《工伤保险条例》第四十四条规定，职工被派遣出境工作，依据前往国家或者地区的法律应当参加当地工伤保险的，参加当地工伤保险，其国内工伤保险关系中止；不能参加当地工伤保险的，其国内工伤保险关系不中止。本案中，罗某某未在前往国家参加工伤保险，因此国内工伤保险关系不中止。

随着我国对外经济交往的扩大和"一带一路"倡议的实施，促成了劳务大军走出国门，境外工作中受伤的情况也时有发生。国际上，工伤保险没有互免协议。劳务人员在境外发生事故，未参加当地工伤保险的，可以适用《工伤保险条例》认定工伤，享受工伤保险待遇。

94. 职工"放长假"期间到其他单位工作时受伤，是否算工伤？

> 关键词　　下岗待岗人员以及企业经营性停产放长假人员

> 案情

金某是某驾校教练。由于驾校效益不好，金某于2014年与驾校签订了一个长期休假协议。之后，金某到某物流公司担任司机。在一次出车过程中，金某被一辆大卡车撞伤，交警部门认定金某无责任。事后，金某多次要求物流公司为其申请工伤认定，但是物流公司以他原是驾校教练、与公司是兼职劳务关系为由拒绝。金某只好自行向当地社会保险行政部门提出工伤认定申请。

当地社会保险行政部门认定金某为工伤。

裁判

在现实生活中，由于种种原因，如下岗、待岗等，职工可能会在与原单位保持劳动关系的情况下，又自行到其他单位工作，形成双重或多重劳动关系。《最高人民法院关于审理劳动争议案件适用法律若干问题的解释（三）》（法释〔2010〕12号）第八条规定，企业停薪留职人员、未达到法定退休年龄的内退人员、下岗待岗人员以及企业经营性停产放长假人员，因与新的用人单位发生用工争议，依法向人民法院提起诉讼的，人民法院应当按劳动关系处理。因此，诸如金某这样的在原单位放长假的人员与新用人单位发生用工争议，人民法院应当按劳动关系处理。

依据《实施〈中华人民共和国社会保险法〉若干规定》（人力资源和社会保障部令第13号）第九条规定，职工（包括非全日制从业人员）在两个或者两个以上用人单位同时就业的，各用人单位应当分别为职工缴纳工伤保险费。职工发生工伤，由职工受到伤害时工作的单位依法承担工伤保险责任。因此，驾校与物流公司都有义务为金某缴纳工伤保险费，且对于金某的工伤，物流公司应当承担工伤保险责任。

95. 内退人员在新用人单位发生工伤，由谁来承担工伤保险责任？

关键词　未达到法定退休年龄的企业内退人员

案情　　伏某于1955年6月23日出生，内退后又到甲公司工作。2008年12月14日，伏某在甲公司工作期间发生交通事故受伤。民事判决书判决伏某与甲公司自2006年8月起至2010年6月止存在劳动关系。伏某于2011年8月30日被当地社会保险行政部门认定为工伤，经当地劳动能力鉴定委员会鉴定伤残等级为五级。伏某要求甲公司给予工伤赔偿，遭到拒绝后，向法院提起诉讼。

裁判　　法院经审理后认为，企业未达到法定退休年龄的内退人员，在与原用人单位保留劳动关系的前提下，到另一单位从事劳动、接受管理的，劳动者与新用人单位之间的用工关系为劳动关系。职工在两个用人单位同时就业的，各用人单位应当分别为职工缴纳工伤保险费。即使内退职工的原用人单位为其缴纳了工伤保险费，新用人单位亦应自用工之日起为职工缴纳工伤保险费，从而实现分散企业用工风险和保护工伤职工合法权益的立法宗旨。本案中，新用人单位未履行法律义务，劳动者在新用人单位工作期间发生工伤事故的，新用人单位是工伤保险责任的赔偿主体，应由其承担工伤待遇赔偿的各项义务。法院判决甲公司支付伏某工伤赔偿金合计11万元。

96. 建筑工程违法分包，工人受伤由谁来承担工伤保险责任？

关键词 不具备用工主体资格的组织或者自然人招用劳动者

案情

某建设公司将其承建工程中的部分模板工程分包给钟某，但是钟某并没有领取营业执照，钟某又雇请葛某到工地做工。2015年1月5日，葛某在工地安装底板时从木架上摔下，摔伤了头部和左手，于当日住院治疗。出院后，葛某于2015年6月8日向当地社会保险行政部门提出工伤认定申请。2015年7月27日，社会保险行政部门认定葛某为工伤，并由建设公司承担工伤保险责任。建设公司不服，向法院提起诉讼。

裁判

建设公司认为，其与葛某之间不存在劳动关系，葛某所受到的事故伤害不应由其承担工伤保险责任。

法院审理认为，《人力资源社会保障部关于执行〈工伤保险条例〉若干问题的意见》（人社部发〔2013〕34号）第七条规定，"具备用工主体资格的承包单位违反法律、法规规定，将承包业务转包、分包给不具备用工主体资格的组织或者自然人，该组织或者自然人招用的劳动者从事承包业务时因工伤亡的，由该具备用工主体资格的承包单位承担用人单位依法应承担的工伤保险责任。"《最高人民法院关于审理工伤保险行政案件若干问题的规定》（法释〔2014〕9号）第三条第一款第（四）项规定，"用工单位违反法律、法规规定将承包业务转包给不具备用工主体资格的组织或者自然人，该组织或者自然人聘用的职工从事承包业务时因工伤亡的，用工单位为承担工伤保险责任的单位"；第三条第二款规定，"前款第（四）、（五）项明确的承担工伤保险责任的单位承担赔偿责任或者社会保险经办机构从工伤保险基金支付工伤保险待遇后，有权向相关组织、单位和个人追偿"。

本案中，建设公司是合法的用工单位，涉案工程由建设公司承包，再由其分包给钟某。钟某没有领取营业执照，不具备用工单位资格，因此应该由具备用工单位资格的建设公司承担葛某的工伤保险责任。当然，建设公司承担工伤赔偿责任后，有权向钟某追偿。

法院经审理维持了工伤认定决定。

97. "包工头"下班途中受到非本人主要责任交通事故伤害，不属于工伤

> **关键词** "包工头"不符合由具备用工主体资格的单位承担工伤保险责任的情形

> **案情** 某建设公司将其承建的工程发包给王某施工。王某又与朱某签订了一份工程施工合同，合同约定将工程中的外墙粉刷工程分包给朱某施工。合同签订后，朱某聘用他人进行施工。一日，朱某驾驶二轮摩托车下班途中与一辆重型平板货车相撞，经抢救无效死亡。交警部门认定朱某负事故次要责任。朱某之妻申请工伤认定，当地社会保险行政部门作出不予认定工伤决定。朱某之妻不服，向法院提起诉讼。

裁判　　法院认为,原劳动和社会保障部《关于确立劳动关系有关事项的通知》(劳社部发〔2005〕12号)第四条规定,"建筑施工、矿山企业等用人单位将工程(业务)或者经营权发包给不具备用工主体资格的组织或自然人,对该组织或自然人招用的劳动者,由用工主体资格的发包方承担用工主体责任"。《最高人民法院关于审理工伤保险行政案件若干问题的规定》(法释〔2014〕9号)第三条第一款第(四)项规定,"用工单位违反法律、法规规定将承包业务转包给不具备用工主体资格的组织或者自然人,该组织或者自然人聘用的职工从事承包业务时因工伤亡的,用工单位为承担工伤保险责任的单位"。需要注意的是,上述规定仅适用于不具备用工主体资格的组织或者自然人聘用的职工,不包括该自然人。

　　本案中,建设公司将其承建的工程承包给王某负责施工,王某又将该工程的外墙粉刷工程分包给朱某,朱某聘用他人进行施工。朱某既不是建设公司的职工,也不是涉案工程分包人聘用的职工,本质上应认定为承包人(俗称"包工头"),其在下班途中受到非本人主要责任交通事故伤害,不属于上述司法解释和规范性文件规定的情形,故不能认定为工伤。

　　法院经审理维持了不予认定工伤决定。

98. 个人挂靠外单位经营,聘用的职工受伤,应由谁来承担工伤保险责任?

关键词　个人挂靠其他单位对外经营聘用的劳动者

案情　　李某将自有货车挂靠于某运输公司从事运输业务,并聘用张某为驾驶员。张某在工作时摔伤,后被当地社会保险行政部门认定为工伤,并由运输公司承担工伤保险责任。运输公司不服,向当地人民政府申请行政复议，要求撤销工伤认定决定。

运输公司认为，张某与公司没有劳动关系，事故发生时，张某从事的不是公司安排的工作。因此，张某受伤不应由公司承担工伤保险责任。

裁判

一般来说，工伤保险责任的承担，应以双方当事人存在劳动关系为前提。然而，在我国工伤保险制度中，还有些特殊情形，承担工伤保险责任并不以双方存在劳动关系为前提，挂靠经营关系便是其中之一。

在实务中，挂靠经营关系由于聘用人员与被挂靠单位之间往往不存在劳动关系，而挂靠人又是不具有用工主体资格的组织或自然人，聘用人员受伤后，挂靠人无法承担其工伤保险责任，受伤职工的工伤保险权益无法得到保障。为解决这一问题，《最高人民法院关于审理工伤保险行政案件若干问题的规定》（法释〔2014〕9号）第三条第一款第（五）项规定，"个人挂靠其他单位对外经营，其聘用的人员因工伤亡的，被挂靠单位为承担工伤保险责任的单位"；第三条第二款规定，"前款第（四）、（五）项明确的承担工伤保险责任的单位承担赔偿责任或者社会保险经办机构从工伤保险基金支付工伤保险待遇后,有权向相关组织、单位和个人追偿。"

需要说明的是,适用前述规定时需满足两个条件:一是挂靠人必须是自然人,单位挂靠则不能适用;二是仅适用于挂靠人聘用的人员,不包括挂靠人本人。

本案中,李某与运输公司形成挂靠关系,李某聘用了张某,张某发生工伤,由于李某不具有用工主体资格,因此应由运输公司承担工伤保险责任。当然,运输公司承担工伤赔偿责任后,有权向李某追偿。

99. 非法用工中受伤,应如何赔偿?

 非法用工

案情

张某在吉某的手套厂主要从事切割手套皮工作。2014年6月的一天,张某在用切割机割皮时不慎将左手手指割伤,并住院治疗。张某到劳动保障部门寻求帮助,因手套厂无营业执照,劳动保障部门建议按照劳动争议的有关规定处理。2014年9月15日,张某向法院提起诉讼,要求手套厂负责人吉某给付医疗费、误工费、护理费共计6万余元。另查明,吉某的手套厂正准备办理个体工商户营业执照,但还在办理过程中,未正式取得营业执照。

裁判

本案的争议焦点是非法用工单位与其受雇人员之间形成的是何种关系？受雇人员受伤如何赔偿？

首先，非法用工主体不能构成合法的用人单位，其与所雇人员之间不能构成有效的劳动关系，不适用工伤认定的法定程序。

其次，《工伤保险条例》第六十六条规定，"无营业执照或者未经依法登记、备案的单位以及被依法吊销营业执照或者撤销登记、备案的单位的职工受到事故伤害或者患职业病的，由该单位向伤残职工或者死亡职工的近亲属给予一次性赔偿，赔偿标准不得低于本条例规定的工伤保险待遇；用人单位不得使用童工，用人单位使用童工造成童工伤残、死亡的，由该单位向童工或者童工的近亲属给予一次性赔偿，赔偿标准不得低于本条例规定的工伤保险待遇。具体办法由国务院社会保险行政部门规定。前款规定的伤残职工或者死亡职工的近亲属就赔偿数额与单位发生争议的，以及前款规定的童工或者童工的近亲属就赔偿数额与单位发生争议的，按照处理劳动争议的有关规定处理。"

《非法用工单位伤亡人员一次性赔偿办法》（人力资源和社会保障部令第9号）第二条规定，"本办法所称非法用工单位伤亡人员，是指无营业执照或者未经依法登记、备案的单位以及被依法吊销营业执照或者撤销登记、备案的单位受到事故伤害或者患职业病的职工，或者用人单位使用童工造成的伤残、死亡童工。前款所列单位必须按照本办法的规定向伤残职工或者死亡职工的近亲属、伤残童工或者死亡童工的近亲属给予一次性赔偿。"第三条规定，"一次性赔偿包括受到事故伤害或者患职业病的职工或童工在治疗期间的费用和一次性赔偿金。一次性赔偿金数额应当在受到事故伤害或者患职业病的职工或童工死亡或者经劳动能力鉴定后确定。"

本案中，吉某的手套厂没有营业执照，不具备劳动法规定的用人单位的主体资格，张某与吉某的手套厂不能形成劳动关系，应按照《非法用工单位伤亡人员一次性赔偿办法》处理。法院受理后，委托当地劳动能力鉴定部门对张某的伤情进行鉴定，鉴定结论为十级伤残。最终经法院开庭前调解，手套厂向张某支付一次性赔偿金 5 万元。

100. 非全日制工可以享受工伤保险待遇吗？

关键词　非全日制工

【案情】吴某于 2015 年 6 月 2 日进入某水泥厂工作。双方约定吴某为非全日制工，每日工作半天，每周工作不超过 24 小时，并约定工资标准为 18 元 / 小时。水泥厂为吴某缴纳了工伤保险费。2015 年 7 月 14 日，吴某在水泥厂工作时不慎砸伤左手食指，后于 2015 年 9 月 3 日被认定为工伤，于 2016 年 3 月 12 日经劳动能力鉴定伤残等级为十级。吴某提出解除劳动合同，双方就工伤待遇支付产生争议。吴某向当地劳动人事争议仲裁委员会提请仲裁，要求水泥厂支付一次性伤残就业补助金和停工留薪期工资。

【裁判】工伤保险的保障对象是职工，这里的"职工"是指与用人单位存在劳动关系的各种用工形式以及各种用工期限的劳动者，包括在两个以上单位同时就业的非全日制从业人员。

非全日制用工，即通常意义上的"小时工"，这一用工形式突破了传统的全日制用工模式，适应了用人单位灵活用工和劳动者自主择业的需要，已成为促进就业的重要途径。为规范用人单位非全日制用工行为，保障劳动者的合法权益，促进非全日制就业健康发展，原劳动和社会保障部印发了《关于非全日制用工若干问题的意见》（劳社部发〔2003〕12号），《中华人民共和国劳动合同法》第五章第三节也对此作了特别规定。

本案中，伤残等级为十级的吴某应当享有医疗费、一次性伤残补助金、一次性工伤医疗补助金、一次性伤残就业补助金和停工留薪期工资等工伤待遇。水泥厂为吴某缴纳了工伤保险费，可以为吴某向社会保险经办部门申报由工伤保险基金支付一次性伤残补助金、一次性工伤医疗补助金和医疗费等工伤待遇，且水泥厂也应按照规定支付吴某一次性伤残就业补助金和停工留薪期工资。

劳动人事争议仲裁委员会经审理后裁决水泥厂支付吴某一次性伤残就业补助金和停工留薪期工资合计2.3万元。